2020年山东省学校思政课教学改革项目
“沂蒙红色文化融入新时代高职思政课教学的创新与实践”
（项目编号：SDS2020B37）

沂蒙红色故事

主　审　杜常芹
主　编　王金义
副主编　隋燕玲
　　　　刘夫楠

山东人民出版社·济南
国家一级出版社　全国百佳图书出版单位

图书在版编目（CIP）数据

沂蒙红色故事/王金义主编. -- 济南：山东人民出版社，2021.6（2022.8 重印）
ISBN 978-7-209-11279-6

Ⅰ.①沂… Ⅱ.①王… Ⅲ.①民族精神—故事—临沂 Ⅳ.①D684.4

中国版本图书馆 CIP 数据核字(2021)第 140374 号

沂蒙红色故事
YIMENG HONGSE GUSHI
王金义　主编

主管单位　山东出版传媒股份有限公司
出版发行　山东人民出版社
出 版 人　胡长青
社　　址　济南市市中区舜耕路 517 号
邮　　编　250003
电　　话　总编室（0531）82098914
　　　　　市场部（0531）82098027
网　　址　http://www.sd-book.com.cn
印　　装　山东新华印务有限公司
经　　销　新华书店

规　　格　16 开（185mm×260mm）
印　　张　11.25
字　　数　185 千字
版　　次　2021 年 6 月第 1 版
印　　次　2022 年 8 月第 2 次
印　　数　3501—8000
ISBN 978-7-209-11279-6
定　　价　35.00 元

序

百年征程波澜壮阔，百年初心历久弥坚。党的一百年，是矢志践行初心使命的一百年，是筚路蓝缕奠基立业的一百年，是创造辉煌开辟未来的一百年。一百年来，中国共产党带领全国人民实现了中国人民从站起来、富起来到强起来的伟大飞跃，谱写出人类社会发展史的灿烂篇章。

在一百年的非凡奋斗历程中，一代又一代中国共产党人顽强拼搏、不懈奋斗，涌现了一大批视死如归的革命烈士、一大批顽强奋斗的英雄人物、一大批忘我奉献的先进模范，形成了一系列伟大精神，构筑起中华民族的精神谱系。在这百年的恢宏史诗中，山东人民用鲜血和生命谱写了反抗外来侵略、争取民族独立和人民解放的壮丽诗篇，为中国革命的胜利作出了巨大牺牲和重大贡献，铸就了水乳交融、生死与共的沂蒙精神。2013 年 11 月 25 日，习近平总书记视察山东临沂时指出："沂蒙精神与延安精神、井冈山精神、西柏坡精神一样，是党和国家的宝贵精神财富，要不断结合新的时代条件发扬光大。"

沂蒙革命史，是一部永听党话、永跟党走的忠诚史。在沂蒙长达 12 年的革命斗争中，根据地 420 万人口，有 120 万人拥军支前，20 多万人参军参战，10 多万人牺牲。"最后一碗米，送去做军粮；最后一块布，送去做军装；最后一个儿子，送去上战场"，中国共产党与沂蒙群众用生命与热血诠释了何为"党群一家、鱼水情深"。沂蒙发展史，也是一部不畏艰险、敢于胜利、挺身而出、冲锋在前的斗争和担当史。无论是大革命时期、土地革命时期、抗日战争时期、解放战争时期，还是社会主义建设、改革开放时期，无论面对何种艰难险阻，沂蒙人民从来没有屈服过，从来没有低过头，都是下定决心，不怕牺牲，排除万难，去争取胜利。

党的十八大以来，习近平总书记多次强调要把红色资源利用好、把红色传统发扬好、把红色基因传承好。临沂职业学院作为一所具有深厚红色基因、扎根沂蒙大地的职业院校，在人才培养过程中，始终坚持“传承红色基因，弘扬沂蒙精神”的指导思想，挖掘沂蒙精神独特的教育价值，将红色基因融入学校人才培养顶层设计，构建以沂蒙精神的研究、宣传、弘扬与传承为主线的立德树人体系。同时，学院还将“沂蒙精神”开设为思政限选课，有力推动了沂蒙精神“进课程、进教材、进头脑”，进一步提升了思想政治教育的亲和力和针对性。近年来，学院深入研究红色基因、红色文化和沂蒙精神，将红色基因融入通识教育、专业教育、思想政治教育、创新创业教育体系，并综合运用第二课堂、社会实践、文艺创作与展演等形式传承红色基因，形成了传承红色基因、培育时代新人的临职模式。红色故事是最生动的教材，为进一步用好红色资源，弘扬沂蒙精神，传承红色基因，学院组织编写了这本《沂蒙红色故事》，借“故”传道，以史鉴今，让当代青年学生深刻理解沂蒙精神的科学内涵和时代价值。

青年一代有理想、有本领、有担当，国家就有前途，民族就有希望。站在“两个一百年”奋斗目标历史交汇点上，希望青年学生握好历史的接力棒，在阅读和了解沂蒙红色故事、理解和感悟沂蒙精神内涵的过程中，坚定理想信念、增强爱国意识、勇于担当作为，用饱满的热情与执着的奉献，为中华民族伟大复兴谱写新的篇章。

临沂职业学院党委书记　刘磊

2021 年 5 月

前　言

革命老区是中国共产党和人民军队的根，它孕育并支撑着中国革命和建设事业，承载并践行着中国共产党人的初心和使命。沂蒙人民在为民族解放浴血奋战的英勇实践中，与山东党政军一起，铸就了水乳交融、生死与共的沂蒙精神。作为独特的红色基因，沂蒙精神生动诠释了沂蒙人民舍小家、顾大家，甘于牺牲、乐于奉献的优秀品格，成为中国共产党精神谱系的重要组成部分。

多年来，习近平总书记始终情系革命老区，他主张用好红色资源，传承好红色基因，把红色江山世世代代传下去。2013 年，习近平总书记到临沂考察时深情表示："这次来沂蒙就是看望老区人民，重温沂蒙精神。革命胜利来之不易，主要是党和人民水乳交融，党把人民利益放在第一位，为人民谋解放，人民跟党走，无私奉献，可歌可泣啊！沂蒙精神要大力弘扬。""沂蒙精神与延安精神、井冈山精神、西柏坡精神一样，是党和国家的宝贵精神财富，要不断结合新的时代条件发扬光大。"总书记对沂蒙精神进行了高度评价和准确定位，为新时代沂蒙精神的弘扬与传承提出了总遵循。作为沂蒙精神诞生地的教育工作者，我们有责任更有义务传承好、发扬好沂蒙精神。

为了弘扬沂蒙精神，传承红色文化，我们编写了《沂蒙红色故事》《沂蒙红色家书》《沂蒙红色歌曲》《沂蒙红色景点》《沂蒙红色文艺作品》等沂蒙红色文化图书。其中，《沂蒙红色故事》是 2020 年山东省学校思政课教学改革项目“沂蒙红色文化融入新时代高职思政课教学的创新与实践”（项目编号：SDS2020B37）的研究成果，也是高职院校思想政治理论课立体化系列规划教材。为突出故事的丰富性和生动性，本书采用了相关图片，图片主要来源于沂蒙革命纪念馆、沂蒙红嫂纪念馆、华东野战军纪念馆等红色教育基地，部分图片来源于网络，仅用于学校课堂教学或者科学研究，在此对图片的拍摄者和提供者表示诚挚的谢意。如有疑议，请联系我们。

革命遗址、故地旧居、文物文献、红色故事等都以不同的方式承载着红色基因，传承着红色文化。其中，红色故事是最直接、最熟悉、最易入脑入心的形式。

在沂蒙这片红色土地上，涌现了无数可歌可泣的英雄儿女，这其中，有用乳汁救伤员的沂蒙哑娘明德英；有创办战时托儿所的沂蒙母亲王换于；有爱国拥军至死不渝的胡玉萍；有终身守护、无怨无悔的模范烈属李凤兰；有为了动员青年参军、以身相许的梁怀玉；有为了支持参军，将四儿一女送上前线的王步荣……沂蒙地区的老百姓，就是用这种最质朴的方式，表达他们对革命的忠诚，对党和军队的拥护。在沂蒙山区至今还流传着这样一句话：“最后一碗米，送去做军粮；最后一块布，送去做军装；最后一个儿子，送去上战场。”

新中国成立后，在沂蒙精神的鼓舞下，沂蒙百姓攻坚克难，整山治水，展示出沂蒙人民顽强拼搏的精神风貌。在共同富裕路上，涌现出厉家寨、九间棚等先进典型，每一段奋斗历程都诠释了沂蒙人民艰苦奋斗、开拓进取的精神。“三山五岭摆战场，两条河流做文章”是厉家寨人对这片穷山恶水最有力的回击。厉家寨处于山区，土壤贫瘠，水土流失严重，人均资源拥有量远不及全国平均水平，“早上菜，中午糠，晚上稀粥照月亮”是当年厉家寨人生活的真实写照。因难以解决温饱问题，全村三分之一的人选择了闯关东。1951 年，时任厉家寨党支部书记的厉月坤带领群众开山劈岭，整山治水。经过一次次的实验、摸索，1000 多块零星小地被削整成 118 块大地。仅 1956 年一年，厉家寨就平整土地 2400 余亩。到 1957 年厉家寨粮食亩产达到 500 多斤，提前10年实现了全国粮食发展纲要的目标，创造了山区粮食亩产的奇迹，谱写了社会主义建设时期艰苦创业、敢为人先的瑰丽篇章。

进入改革开放新时期，沂蒙儿女在中国特色社会主义建设的伟大实践中，借助改革开放的东风，秉持优良传统精神，锐意进取，不断创造出新业绩。工程机械、木业、精品旅游、商贸物流4个产业集群被列入全省首批现代优势产业集群，形成了“南有义乌、北有临沂”的商贸市场发展格局，打造出新时期的“中国物流之都”。在物流商贸业的带动下，临沂涌现出一大批优秀的企业，展现了城市发展的新面貌。

党群同心、军民情深、水乳交融、生死与共铸就的沂蒙精神，无论是在民主革命时期、社会主义建设时期，还是在改革开放时期，都像一座明亮的灯塔，引领沂蒙儿女勇往直前，成为沂蒙地区持续发展的不竭动力。

红色故事勿忘却，英雄事迹传千古！新时代国泰民安、山河锦绣，我们不再受离乱困扰，不再为衣食担忧。在百年未有之大变局形势下，我们要居安思危，不断增强忧患意识，不忘初心，牢记使命，讲好沂蒙故事，传承好红色基因，建设好自己的家乡，为实现第二个百年目标而努力奋斗。

编 者

2021年4月

目　录

序 / 1

前　言 / 1

一、　水乳交融　生死与共

1. 沂蒙革命先驱刘晓浦、刘一梦 / 3
2. 红色朱村 / 7
3. “无声的战斗”留田突围 / 11
4. 浴血渊子崖 / 14
5. 英雄孟良崮 / 19
6. 钢铁担运队 / 23
7. 乳汁救伤员的“沂蒙哑娘”明德英 / 26
8. 沂蒙母亲王换于 / 29
9. 支前拥军的女模范“沂蒙六姐妹” / 35
10. 陈毅担架队 / 39
11. 大青山突围战 / 43
12. 《沂蒙山小调》诞生记 / 48
13. 永远的经典《沂蒙颂》 / 51
14. 《跟着共产党走》歌曲由来 / 53
15. 毁家纾难的王自生 / 57

16. 女子火线桥 / 61
17. “拥军妈妈”胡玉萍 / 65
18. “永远的新娘”李凤兰 / 68
19. “革命的母亲”方兰亭 / 72
20. “孤胆英雄”刘光荣 / 76
21. 沂蒙“识字班” / 79
22. 沂蒙红嫂祖秀莲 / 82
23. 许婚动参的梁怀玉 / 87
24. 民兵女英雄侍振玉 / 91
25. 智闯虎穴的刘玉梅 / 95
26. 血洒沂蒙的英雄夫妇陈明、辛锐 / 100
27. 沂蒙女战士吕宝兰 / 103

二、 整山治水　艰苦创业

1. 愚公移山的“好例”厉家寨 / 111
2. 导沭整沂水利工程 / 115
3. “千库万塘”锁“蛟龙” / 119
4. 乡村振兴的“齐鲁样板” / 123

三、 以人为本　建设新城

1. “沂蒙璀璨明珠”九间棚 / 129
2. 时代楷模朱彦夫 / 133
3. “最美兵妈妈”朱呈镕 / 137
4. 新时代企业家楷模赵志全 / 140
5. 雪域门巴将军李素芝 / 145

6. 革命老区崛起的新商城 / 149

7. 勇立潮头谋发展的王士岭 / 153

8. 乡村振兴“领头雁”王传喜 / 156

9. “沂蒙新红嫂”戚洪桂 / 161

主要参考书目 / 165

一、水乳交融　生死与共

1

沂蒙革命先驱刘晓浦、刘一梦

扫码听故事

刘晓浦、刘一梦叔侄出生在一个非常富裕的家族——燕翼堂，家资不菲的他们本可以过着富家少爷的优渥生活，但是他们却视富贵如浮云，一心跟党走，为了革命奔波四方。他们用短暂而灿烂的一生照亮了沂蒙的夜空，也照亮了整个家族前行的道路。他们牺牲后，燕翼堂的族人们共同践行了他们的遗愿，举家跟党走。刘氏一家有近30人参加革命，7人先后献出宝贵生命……

燕翼堂位于蒙阴县，是该县垛庄村一户刘姓人家的堂号。

叔侄双双立下报国志

刘氏家族一直有着体恤百姓、忠厚、开明的优良家风。刘家虽然是大地主，但是对待租户非常好，不但自己承担赋税，而且土地所产的粮食也五五分，这极大地减轻了佃农的负担。遇到灾荒年，刘家不但会以非常低的价格售粮，而且经常设粥棚帮助挨饿的人。在燕翼堂牌匾之下成长的刘晓浦和刘一梦，深受燕翼堂良好家风的影响，在民族和人民饱受苦难的时候走上了革命道路。

刘晓浦，1903年出生，弟兄四个，他排行最小，别人一般喊他四少爷。刘一梦是刘晓浦的侄子，是其三哥的孩子，比他小2岁左右。虽然两个人按辈分是叔侄，但是由于年龄较近，思想又比较相同，所以二人感情如亲兄弟一般好。当时的沂蒙山区兵祸和匪患不断，叔侄二人看到百姓命如草芥，痛心不已。五四运动期间，外出求学的二人逐渐接受了新思想，双双立下报国之志，决心为国家为人民作出一番事业。

刘晓浦最初选择了实业救国，中学毕业后，他考入位于南通的纺织专门学校。在校期间，他经常参加各种爱国进步活动，后来因组织学生参加爱国活动被校方开除。在此期间，他认识了王尽美，1922 年通过王尽美介绍加入社会主义青年团。1923 年转为中共党员，随后又考入上海大学社会学系。

刘一梦一直爱好文艺，他决心用文学唤起民众的觉醒。中学毕业后，他最初考入南京金陵大学文学系，后来跟随刘晓浦转入上海大学，并在该校学习期间入党。

当时上海大学办学的主要目的是培养改造社会的文科方面的人才，以学习马克思主义基本理论为主的社会学系是该校最大的系，该系在教学过程中侧重对劳动问题、农民问题、妇女问题的研究，瞿秋白和邓中夏等一大批优秀共产党员曾在此任教。在此期间，他们叔侄逐渐深化了对共产主义的理解，坚定了马克思主义的信仰，立志要为劳动人民谋利益，推翻人压迫人的制度。刘晓浦的长孙刘长琨曾回忆说：爷爷（刘晓浦）经常给家里写信，一直劝家人放弃剥削生活，要把土地分给贫苦的农民，不要不劳而获，要做自食其力的普通劳动者。

放弃富贵干革命

自从加入党组织，刘晓浦就下定决心一心一意干革命，哪怕牺牲也在所不惜。刘晓浦叔侄二人最初在上海一带从事党的地下工作，1925 年他被党组织派到南通等地从事革命工作，后任中共江苏省委组织部部长。刘晓浦生于富贵之家，而且已经娶妻生子，本可以选择让自己和家人过上更安稳更富足的生活，当时也有人不断劝他放弃革命好好享受，可刘晓浦却斩钉截铁地答道：“我视富贵如浮云！为了社会的进步和民族的复兴，我甘愿献出我的一切，包括我的生命。”

1928 年，刘一梦被党组织派到山东从事地下工作，到山东济南后担任山东团省委书记。为了广泛发动群众，他脱下西服、长衫，换上了穷人穿的粗布短衫。为了接触各行各业的劳苦大众，他更是频繁变换工作，比如曾在工厂做过工人，在饭馆当过跑堂，也做过祥子一样的车夫。这期间，根据中共山东省委指示，他组织了诸城一带的贫民会，组织群众开展抗粮、抗税斗争，领导了淄博邮电局的职工罢工等，对山东的工人运动、农民运动做出了非常大的贡献。除了担任山东团省委书记，刘一梦还兼任山东团省委创办的《晓风》周刊的主笔，他以笔为武器，先后发表了很多有关马克思主义文艺理论和无产阶级革命思想的文章，通过《晓风》团结了大批进步青年。

1929 年 4 月，刘一梦因叛徒出卖而不幸被捕。在监狱里，为了得到党员、团员名单，敌人对他严刑拷打。面对酷刑，他守口如瓶，宁死不屈。他对敌人说：“你们看太阳是哪边出来的?”意思是说，让我出卖战友，就像太阳从西边出来一样，妄想!

刘一梦被捕后不久，山东党组织遭到了大规模的破坏。随后刘晓浦被中央派往山东，任山东省委执行委员兼秘书长，协助省委书记刘谦初工作。但不幸的是，几个月后刘晓浦也因叛徒出卖被捕。

刘晓浦和刘一梦叔侄二人被捕以后，刘氏家族卖掉了 1200 亩土地来打通关节，实施营救。只要他们再写下自首书，表态放弃革命，就能出狱。可这叔侄二人坚决不从。

二哥刘云浦对四弟刘晓浦说：你上有老下有小，难道你什么都不顾了吗？但刘晓浦说：“哥啊，我有我的信仰，让我背叛组织，就算死我也做不到。”

刘云浦对侄子刘一梦说：“你少年丧父，你娘亲含辛茹苦把你们兄弟抚养成人，你不为别人着想，也应为你娘想想啊。”刘一梦说：“您和家人的心意我会铭记在心，但要我放弃真理，背叛组织，出卖同志，这绝不可能!”

就这样，1931 年 4 月 5 日，刘晓浦、刘一梦在济南慷慨就义。同时被杀害的还有山东省党组织的领导人邓恩铭、刘谦初等 22 人，史称“四五”惨案。

燕翼堂亲属下定决心跟党走

在刘晓浦、刘一梦精神的感召下，燕翼堂的刘氏后人们下定决心，共同践行他们的遗愿，全家跟着共产党走。此后刘家不仅出钱出枪支援抗日，还抚养了一批烈士遗孤和革命干部的子女。

在抗日战争和解放战争期间，刘氏一族先后有近 30 人走上了革命道路，7 位献出了宝贵的生命，其中就有刘晓浦的女儿刘曾蔼。1940 年刘曾蔼光荣加入中国共产党，1941 年在大青山反“扫荡”战役中壮烈牺牲，年仅 18 岁。在燕翼堂刘氏一族的感召下，该家族的长工、帮佣，以及众多佃户们也都跟着一起参加了革命。迟浩田上将对“燕翼堂”刘氏家族一门八烈、大义担当的英雄壮举赞不绝口，亲笔书写了“红色燕翼堂”赠予刘家。

刘晓浦、刘一梦革命烈士纪念馆

青山有幸埋忠骨。1993 年，刘晓浦、刘一梦两位烈士被迁葬至孟良崮烈士陵园。同时，在孟良崮烈士陵园安葬的还有刘晓浦的女儿刘曾蔼、侄子刘滋泉等烈士。

刘晓浦、刘一梦烈士义无反顾地投身革命，他们用壮烈而短暂的一生践行了共产党人的初心和使命。他们这种不怕牺牲的革命精神，激励着一代又一代沂蒙人民继续谱写新的时代篇章。

思考题

1. 刘晓浦、刘一梦叔侄为什么能够视富贵如浮云，以革命为己任？

2. 刘晓浦、刘一梦叔侄这种摒弃富贵、舍小家顾大家、为国捐躯的行为体现了怎样的人生观和价值观？

2

红色朱村

扫码听故事

抗日战争时期，钢八连24名年轻战士为保护朱村人民的生命财产，不惜献出了他们的宝贵生命。朱村人民不忘救命之恩，每年春节都会把第一碗水饺送到烈士墓前。解放战争时期，朱村人民踊跃支前，被评为支前模范村。新时代，朱村党组织带领村民践行沂蒙精神，发展生态旅游和特色农业，人民生活发生了翻天覆地的变化。

朱村位于山东省临沭县曹庄镇，是一个老革命根据地。抗日战争时期，八路军进驻临沭的第一个村庄就是朱村。1940年初，八路军的两支队伍来到朱村，热情的村民为八路军腾房子、筹集军粮，朱村成为堡垒村。老一辈无产阶级革命家罗荣桓、粟裕、谷牧、肖华等都曾在这里战斗、工作、生活过。1943年八路军第一一五师教导二旅四团三营八连抗击日寇的一场战斗是滨海抗战史上较为重要的一次战斗。

1943年，我军成功拔除了临沭西部醋大庄等5个日军据点，日军不甘心失败，立即组织日伪军对我根据地沭河西岸地区进行疯狂报复。日军纠集500余人在占领郭庄、曹庄、马庄之后，又“扫荡”朱村。当时正值除夕，朱村的群众正忙着准备过年。天刚拂晓，日军就扑进了村庄。“枪声就是命令”，听到枪声，驻扎在沭河东岸的第一一五师教导二旅四团八连战士火速奔向沭河岸边。连长鄢思甲带领战士快速渡河赶到河西岸的朱村，并安排指导员带二排从村东南打，副连长带一排从村东打，自己带三排绕到村北进攻，对敌进行三面夹击，力争尽快把敌人打出村去。八连的战士们一声怒吼，迅速冲入村内，向敌人扔出一排手榴弹。虽然我军人数少、装备差，但八连战士的阵势吓退了200多名伪军。经过激烈的战斗，日军也逐渐溃退，50多名日军退出村子，抢占了村西南角柏树林坟地，凭借有利地形和充足的弹药负隅顽抗，敌我双方都凭借柏树作掩体，展开对射，最后，日军被迫撤出柏树林坟地，退到30米外的一条天然大沟里，继续用火力压制八连的进攻。八连战士冒着密集的弹雨，将手榴弹一颗颗投进沟里，后来，手榴弹被用光，战士们就用排子枪压制敌人。

战斗中，连长鄢思甲的脖子一侧被敌人的子弹打穿，但他只做了简单的包扎，仍继续指挥战斗。一排排长秦家龙因为身受重伤被抬下火线，一班班长焦锡模立刻站到指挥位置上。猛烈的交火中，他的一只胳膊被打断了，但他仍然坚持不下火线直至壮烈牺牲。一排副排长安吉然同一名日军扭打在一起，这名日军拉开手榴弹，妄图把安吉然吓倒，安吉然却死死抓住他不放手，日军害怕了，将手榴弹抛出，俯首就擒；投弹手郝红娃的腿负了重伤，只是简单包扎了一下，就又冲了上去……

在村团长王怀昌的带领下，朱村民兵也参加了战斗，村民们纷纷赶来运送弹药、救护伤员，军民勠力同心。不久，临沭县独立营和民兵赶来支援，在其他兄弟连、临沭县独立营和民兵的配合下，战斗相持了6个多小时，下午4点多钟，滞留在曹庄的日军携带钢炮、重机枪赶来增援，在增援部队的火力掩护下，日军丢下11具尸体，拖着30多个伤兵逃跑了。

这次战斗击毙40余名敌伪军，八连也有24名战士献出了宝贵的生命。战斗结束后，朱村的乡亲们提着装满香油果子的篮子，带着准备过年祭祖的馒头，捧着粉条、猪肉和鸡蛋，去慰问八连战士，并拉着战士的手邀请他们到家里一起过年。鄢连长婉言谢绝乡亲们的盛情，率领部队转移。八连走了，送别的乡亲们望着八连的背影仍然不肯离去，他们亲眼看见战士们为保卫朱村浴血奋战的场景，亲眼看见受伤的战士痛苦难忍的表情，亲眼看见24名战士为解救朱村百姓而壮烈牺牲。夜幕降临，村里没有了往年过年时的欢闹，有的只是静默和悲伤。第二天大年初一，乡亲们不约而同地齐聚朱村王氏老林，不敬天不拜祖，而是祭奠为保卫朱村牺牲的24名烈士。此后每逢春节，朱村人新年的第一碗饺子，都会用来祭奠那些为救朱村百姓而牺牲的战士们。

◎“钢八连”战斗雕像——枪声就是命令

战后不久，朱村群众赠给八连一面绣着“钢铁英雄连”的锦旗，1944 年 8 月，八路军第一一五师政治部主任肖华在山东军区战斗英模大会上，正式宣布八连为“钢八连”。八连连长鄢思甲后任山东省军区副司令员，病逝前，他嘱咐家人将骨灰撒在他曾战斗过的地方——朱村，儿女遵从他的意愿，于 1983 年 7 月 24 日把骨灰撒在朱村村东的沭河里。

解放战争时期，朱村人民继续支援前线。朱村也因此获得“支前模范村”的称号。王克昌是一名老支前代表，1948 年 10 月，18 岁的王克昌成为一名支前民兵，参加运输队、担架队，给解放军运送后勤补给物资、抬担架、救伤员，跟随部队南下到安徽。根据资料，朱村先后有 60 多人参军，王经奎等 8 名同志为新中国的解放事业献出了宝贵的生命。2013 年 11 月 24 日至 28 日，习近平总书记来山东考察。25 日下午，习总书记专程来到朱村，看望“老支前”王克昌老人。2019 年 10 月 1 日，作为“老支前”代表，王克昌老人应邀参加了庆祝新中国成立 70 周年大会“致敬”方阵。

◎朱村抗日战斗纪念碑

新中国成立后，朱村群众继续响应毛主席的指示，分沂入沭，平地挖出三条河，筑起五道堰，共进行了六期导沭、三期整沂工程。由于村子地理位置特殊，离河较近，朱村被工程占压了很多土地，耕地面积减少。在这种情况下，朱村人民无怨无悔、任劳任怨，战天斗地，把荒地变良田，小麦仍然保持增产增量。

朱村人始终铭记历史，2012 年朱村建成朱村抗日烈士陵园、八路军老四团钢八连纪念馆、朱村历史文化陈展室、朱村档案馆，在此基础上，又新建档案陈列展室、临沭县人民支前纪念馆。朱村抗日战斗纪念馆被授予“青少年爱国主义教育基地”称号，并面向全国开展党性教育。

进入新时代，朱村的变化越来越大。近年来，朱村打造红色文化旅游区，成功创建“省级农业旅游示范点”；发展生态农业，建成葡萄科技示范园、沿河采摘园；发展传统柳编特色产业项目。如今的朱村，不仅是闪耀着红色精神的“红村”，更成了带头乡村振兴的“红村”。

思考题

1. 朱村第一碗饺子祭英烈的年俗是怎么来的？
2. 朱村战斗体现了怎样的沂蒙精神？

3

“无声的战斗”留田突围

扫码听故事

烈火燃烧在沂蒙山上，

愤怒充满了我们的胸膛；

鬼子们各路进攻来“扫荡”，

杀人放火奸淫又抢掠……

抗日战争期间，我们的队伍常常边行军作战边放声唱着这首歌。

1941 年冬，日军调动 5 万兵力对沂蒙抗日根据地发动了一次大规模的“扫荡”。其中，“留田突围”最为惊险。

留田（今山东沂南县张庄镇）是沂蒙山区的一个村庄，当时，八路军第一一五师师部及省战时工作推行委员会（简称“省战工会”，相当于省政府）都在留田村周围，而作战部队只有一个师直特务营和中共山东分局警卫连。日军在飞机、坦克、大炮的配合下，很快就把留田团团围住了，且包围圈在逐渐缩小。留田战事吃紧！

1941 年 11 月 5 日早上，留田周围发现敌情，八路军第一一五师派出的师直特务营与敌第三十二师团展开激战。战斗从早上一直持续到中午，日军凭借重火力的掩护步步紧逼，逐渐缩紧包围圈，我军亦寸土不让，战况激烈。无论是大路、小路，还是山谷、田野，到处都是黄压压的日军，形势十分严峻。

5日下午，留田附近钮家沟的一间草房里，正召开一个关系沂蒙抗日根据地存亡的高级军事会议。中共山东分局和八路军第一一五师的首长们个个聚精会神，听参谋长陈士榘报告敌情。此次会议不仅决定着这次反“扫荡”的胜负，更关系到几十万老百姓的身家性命。

罗荣桓说：“此战情况危急，已到了生死存亡的时刻，今晚必须突围出去。大家研究一下，从哪个方向突围比较有利?”

就在此时，传来阵阵嗡嗡声，在留田村上空盘旋的敌侦察机陡然增加了屋里的紧张气氛。罗荣桓命参谋出去传达命令：“部队隐蔽好，不要暴露目标。”参谋走后，草房里更加安静，草房外的飞机声也越来越大。

向东、向南，还是向北?

大家各抒己见。

向东，敌人兵力薄弱，封锁线尚未形成；

向北，可向山东纵队靠拢；

向西，群众基础好；

还有的提出转移到八路军第一一五师的老根据地——抱犊崮山区。

讨论正激烈时，门外突然传来一声“报告”！原来是师部勇敢机智、武艺超群的侦察排排长。他来向罗荣桓报告南面高里一带的敌情。罗荣桓听后相当满意，表扬说：“你了解的情况对我们很重要，非常好啊！好好睡一觉，晚上还有重要任务。”

侦察排排长走后，罗荣桓提高嗓门说：“我主张向南突围!”

“向南突围?”在座各位对这出乎意料的主张大吃一惊，心里不禁打起了问号。南面日军兵力多、封锁严，而刚才侦察排排长的报告，也证实了这一点。

“向南突围！插到沂蒙地区。”罗荣桓加重语气说，“我们若能变被动为主动，插到敌军心脏所在的地方，就能不被敌人牵着鼻子走。敌军今集中兵力合围我中心地区，后方必然空虚，这就是我们的时机。”

罗荣桓针对大家的疑问说道：“不错，敌人的兵力主要分布在南面，三道封锁线也已形成，但不是‘铁筒’，仍有空子可钻。向南突围，正是出其不意，直捣黄龙!”他接着说：“汪沟既是日军师团接合部，又是敌人空虚的后方。临沂距离汪沟不过五十里，在那我们既有山区可以依托，又有群众可以依靠，可在此停下来!”

罗荣桓强调，要坚决服从命令听指挥，部队没有突出合围圈时，不许发出任何声响！

夜幕降临后，在机智的侦察排排长以及侦察兵的配合下，我军大队人马得以从敌人的夹缝中顺利通过。

半夜过后，部队向南前进。当部队行至敌人第三道封锁线时，发现敌人后方果然空虚，戒备松懈，部队顺利通过。

破晓前，部队到达目的地——费县汪沟一带，并在埠山庄宿营。

罗荣桓周密部署、精心指挥，使得核心机关在此次突围中不仅未费一枪一弹，且无一人伤亡。太平洋学会记者、德国友人汉斯·希伯在《战士报》上发表了一篇名为《无声的战斗》的文章，赞叹罗荣桓精湛的军事指挥艺术，称留田突围是一场神奇的指挥。

思考题

1. 你对此次突围感受最深的一点是什么？为什么？

2. 在敌我装备差距如此之大的情况下，我军能够顺利突围并且无一损伤，靠的是什么？

4

浴血渊子崖

扫码听故事

2015 年 8 月 28 日，《历史的强音——山东广播电视台纪念中国人民抗日战争暨世界反法西斯战争胜利 70 周年诗文诵读会》隆重举行，由山东电视生活频道主持人朱文超、陈曦朗诵的作品《一个村庄的抗战》获得原创作品奖。作品中的“这个村庄”是朱文超口中坐落在临沂市莒南县的沭河东岸普普通通的渊子崖村，是陈曦心中“为了打鬼子，全村的父老乡亲没有一个人退缩”的村，被毛主席高度评价为“村自卫战的典范”村，也是至今让子孙后代引以为豪的“抗日堡垒村”！

渊子崖村地处山东省莒南县县城西 15 公里处，抗战期间属沭水县。1941 年 12 月 20 日，村民与日军在此展开了整整一天的殊死搏斗，牺牲 147 人，歼敌 112 人，这是抗日战争史上中国农民自发组织的一次激烈悲壮的浴血保卫战，书写了莒南党史和山东革命斗争史上辉煌的一页。

渊子崖遗址

抗日星火

抗日战争时期，日军占领沭河以西的小梁家村，八路军则在沭河东岸一带活动，渊子崖村是敌占区和抗日游击区之间的“拉锯区”。日军经常到此区域“扫荡”，抢掠财物、残杀百姓、奸淫妇女。部分地主、土匪武装则打着“抗日”的幌子，敲诈勒索、鱼肉百姓，穷苦百姓度日如年。

1940 年底，中共板泉区区长冯干三帮助渊子崖村建立了抗日民主政权，18 岁的林凡义被推举为村长。村里成立了“抗日自卫队”“农救会”“妇救会”“青抗先”等群众抗日组织。

1941 年夏，中共山东分局组织的八大剧团来村里公演，村民观看后深受教育，随即开展了轰轰烈烈的抗日救国工作，村里处处可见抗日标语，时时可闻抗战歌声。村民把之前打土匪用的大刀、长矛、“生铁牛”和“五子炮”集中起来，准备和敌人作战。因此，渊子崖村成了日伪军的眼中钉、肉中刺，他们处心积虑要摧毁这个抗日先进村。

1941 年冬，日军对山东抗日根据地实施“铁壁合围”，一心想向日军“进贡”的小梁家据点的伪军，派人送条子到渊子崖村，索要 1000 块大洋和鸡、鸭、鱼、肉、白面等物品。村民坚决拒绝了他们，村长林凡义还找人写了回条：“鸡、鸭、鱼、肉、白面、钱都准备好了，来拿吧，来一个杀一个，来两个杀一双!”接着召开自卫队员和群众大会，号召大家做好迎击敌人的准备。

报复进攻

小梁家的伪军队长梁化轩带领 150 人包围了渊子崖村。伪军们在土围子外高叫：“赶快交出我们要的东西，慢一点儿就攻进围子，杀个鸡犬不留。”

林凡义现场指挥，自卫队员们沉着应战，当伪军靠近围墙时，“生铁牛”一声怒叫，弹药喷向敌人，烟雾起处，伪军被打得腿断、胳膊折，人仰马翻，纷纷后退。自卫队员在炮火的掩护下奋力杀出围墙，手握大刀、长矛、土枪，紧追败退的敌人。伪军被杀得抱头鼠窜、丢盔弃甲。

迎击日军

考虑到伪军会卷土重来，渊子崖村男女老少齐动手，加固围墙、自制弹药、擦拭武器。全村百姓分工明确，若再战，青壮男丁守围墙，青年女子搬运石头和弹药，儿童和老人救护伤员、送水送饭。

正如村民所料，1941 年 12 月 20 日凌晨，1000 多名对沂蒙地区八路军进行“铁壁合围”的日军，准备返回在江苏的据点，当经过渊子崖村北时，小梁家据点的汉奸谎称渊子崖村驻有八路军，指引日军直奔渊子崖。

日军在村子四周支起了机枪，架起了 4 门大炮，炮口直瞄村里。日军合围了整个村子后，又派伪军来威逼利诱劝降，说只要交出八路军和粮食，就保全村无恙。村长林凡义响亮地回应：“不!”

浴血奋战

日军从西北方向的深沟里迂回包抄上来，危急情况下，林凡义站了出来。他对乡亲们说：“鬼子把咱们包围了，跑是跑不掉了，退也没有后路。一命换一命，值!一人杀两个鬼子，赚！咱渊子崖人是有血性骨气的，宁死不能当孬种，咱们要齐起心来，同鬼子拼啦!”在林凡义的鼓舞下，村民们异口同声地说：“宁可站着死，决不躺着活。我们大伙儿听你的，拼了!”

早上 8 点左右，敌人开始进攻。林凡义甩掉棉袄，抡起大刀，沉着冷静地指挥村民占据有利地形作战。当敌人进入火力圈时，林清浩的“五子炮”首先开火，接着“生铁牛”、土炮、土枪一起打响，只见敌群中浓烟滚滚，日军乱作一团，慌张后退了几十米。

10 点，战斗进行到白热化阶段。敌人的机关枪像炒豆子般扫射，但英勇的村民毫不畏惧，击退了日军的一次次疯狂进攻。林凡义手提一把大刀，在各个战斗点间不停地跑着督战，并随时冲向告急的地方。“五子炮”炮膛发红了，他就一门一门地浇上煤油降温；铁砂子用完了，他就把铁锅砸成碎块。“五子炮”填充火药时间长，敌人会趁机派人抢炮，村民只得与冲上来的日军进行肉搏。

村民林崇岩的家庭里，两辈人中男性占了10个，并且都在危险炮位上。面对日军炮弹的轰炸，他们毫不畏惧，即使身边人被炸伤，不幸倒下，他们仍然坚守阵地。与日军整整激战一个上午，终于保住了围墙，大家把日军死死地挡在了墙外。

无功而返的日军在午后卷土重来，这一次的进攻显然比上午来得更为猛烈，呼啸的炮弹如雨而至，不计其数。在日军大炮的疯狂轰炸下，单薄的围墙最终还是没能顶住，东北角被炸开，周围全是被土掩埋的自卫队员，惨不忍睹。

防御围墙被攻破了，日军狂叫着冲向缺口。村长林凡义忍着悲痛，挥刀与两个日军肉搏。危急时刻，林九乾的妻子用镢头砸死了用刺刀对准林凡义的日军，林凡义得救了。得知围墙被打破的消息，村里的妇女、老人、小孩都拿着农具赶来守卫缺口。被炮弹炸伤肚子的林崇周，用破布简单包扎了一下仍继续参加战斗。面对村民的英勇反击，日军再次败下阵来。没多久，日军发起新一轮进攻，刚垒起的围墙缺口又被炮火炸得粉碎，敌人端着枪扑来……

巷战肉搏

接近日落，敌人依然不断地涌来，村民们只得同敌人展开惨烈的巷战，他们父子上阵、母女合力，拿铁锨、菜刀、锄头等作武器。村子里处处可听到惨叫声、砍杀声……几名气焰嚣张的日军冲进了柴园，正在看守伤员的自卫队队员林庆会从柴垛旁冲出来，用长矛将一个日军刺死。但因寡不敌众，林崇洲、林庆会被敌人捆绑起来，残忍地扔进了熊熊燃烧的柴垛里。

巷子西面，林清义、林九星等十几位60多岁的老人手拿大刀、铁叉，和几十个敌人展开激烈厮杀。毫无人性的日军用刺刀杀害了几个老人，将他们的尸体抛进一个很大的粪池里，然后泼上汽油烧。被活捉的林九星被火烧焦了皮肤，几处被脏水浸过的伤口在往外溢血，痛得他全身哆嗦。他用尽最后一丝力气对林凡义说：“咱没给渊子崖村丢脸！”说完便咽了气。

日军每到一处，就点燃房屋草垛，大火如毒蛇般吞噬了整整3条街的房屋，全村883间房屋更是连成一片火海。这一刻，没有人顾得上救火，也没有人顾得上心疼自家的房屋，有的只是愤怒，他们将愤怒转化为力量，同日军进行激烈的厮杀。

在这天的战斗中，渊子崖自卫队队员和群众有147人英勇牺牲。面对野蛮凶残的日军，渊子崖群众以大无畏的英雄气概，谱写出一曲血染的民族壮歌！

太阳落山之时，土围子外面响起了激烈的枪声。板泉区委书记刘新一、区长冯干三、区委宣传委员赵同和八路军的一个连以及县、区中队闻讯赶来增援。日军见有增援便撤出村子，同八路军在村东北的小岭上展开激战。战斗中，区长冯干三的腹部、胸部、头部都被刺刀戳穿，全身血肉模糊。因寡不敌众，刘新一、冯干三、赵同和40多名八路军及县、区中队战士壮烈牺牲。天黑时，八路军山东纵队二旅五团大部队赶到，日军见状，边放冷枪、冷炮，边朝东南方向撤退。

永垂青史

渊子崖保卫战后，毛泽东在延安《解放日报》上撰文，称该村为“村自卫战的典范”，滨海专署授予该村“抗日楷模村”称号，渊子崖也因此被后人誉为“中华抗日第一村”。党和政府为了颂扬渊子崖人民的英雄业绩，纪念死难的烈士，1944年在该村北面的岭上，用紫红色的巨石建立了一座六角七级纪念塔，塔的背面铭刻着烈士的英名。

渊子崖保卫战表现出沂蒙人民不畏强暴的革命气节、英勇顽强的战斗作风和血性如钢的革命精神，体现了沂蒙人民和革命军人英勇无畏、宁死不屈的崇高精神品质，谱写了中国抗日战争史上农民自发组织的最著名、最悲壮、最具民族不屈精神的壮丽诗篇。

思考题

1. 在抗日战争时期，渊子崖村男女老少齐上阵殊死抵抗侵略者，反映了村民的哪些精神品质？

2. 在和平年代，我们应如何传承和弘扬渊子崖保卫战的精神？请联系实际阐述。

5

英雄孟良崮

扫码听故事

沂蒙山区，一片红色的热土，曾经为中国革命的胜利作出了巨大贡献。孟良崮，一个神奇的地方，1947 年 5 月华东野战军在陈毅、粟裕的指挥下，在孟良崮一举全歼国民党五大主力之一的整编第七十四师，并击毙该师师长张灵甫，由此而名扬天下。被陈毅誉为“百万军中取上将首级”的“孟良崮战役”正是在此地展开的。

等待变化，抓住战机

1945 年 9 月，经过 14 年的浴血奋战，中国人民终于取得了抗日战争的伟大胜利，中华民族的历史翻开了崭新的一页。饱经战乱痛苦的中国人民迫切渴望建立一个独立、自由、民主的新国家，以实现国家稳定和民族复兴，但是，以蒋介石为首的国民党独裁政府在美帝国主义的支持下，违背全国人民的意愿，于 1946 年 7 月发动全面内战，并公开叫嚣 3 个月内全部消灭共产党及人民解放军。面对严峻的形势，毛泽东提出了“一切反动派都是纸老虎”的著名论断，并科学制定了“在战略上藐视敌人，在战术上重视敌人”的战略思想，带领人民解放军进行了波澜壮阔的人民解放战争。

到 1947 年 3 月，国民党军队在全国各个战场上节节失利，蒋介石在发动对解放区的全面进攻失败后，被迫改全面进攻为重点进攻，集中兵力对陕北和山东两个解放区发动重点进攻。3 月下旬，国民党军队对山东解放区的重点进攻正式开始，被先后调往山东战场的国民党军队兵力达到24 个整编师（军）、60 个旅，共45 万人，并以其精锐主力整编第七十四师、第五军、整编第十一师为进攻主力，分别编成 3 个机动兵团，担任主要突击任务，分别从临沂、泰安、泗水向鲁中山区发起全线进攻，企图寻找华东野战军主力决战。3 个攻击兵团总兵力达 13 个整编师（军）、34 个旅，共 25 万人。为了避免在进攻中被华东野战军分割歼灭，国民党军队改变了以前的战略部署，采取了“密集靠拢、加强维系、稳扎稳打、逐步推进”的方针。

华东野战军在山东的兵力大约 27 万人，和国民党军队相比，在兵力人数和武器装备上相对处于劣势，为变被动为主动，陈毅和粟裕仍然采用“集中优势兵力，各个歼灭敌人”的战略方针，以机动灵活的运动战去调动、分散敌军，以创造各个歼敌的时机。经过几个月的连续运动，在沂蒙山区，南下北上、东征西进，把国民党军队拖得疲惫不堪，使得国民党军队始终搞不清人民解放军的真正战略动机。

此时，蒋介石和陈诚产生了错误判断，认为华东野战军已“疲惫至极”，可能继续向东北方向的淄川、博山撤退，于是在 5 月 10 日命令各部队星夜兼程，跟踪追剿，以期实现在鲁中山区与华东野战军决战的目的。负责进攻山东解放区的国民党军总司令顾祝同转令 3 个攻击兵团放心大胆地向博山、沂水一线疾速前进。而此时右翼攻击兵团也改变了原来的稳扎稳打的战略思路，进而突击冒进，不等第二团、第 3 兵团统一行动，随即以整编第七十四师为骨干，在整编第二十五师、第八十三师的配合下，于 5 月 11 日自垛庄、桃墟地区进攻坦埠，企图乘隙占领沂水至蒙阴公路，同时以第七军及整编第四十八师、第六十三师在左右两侧担任掩护。整编第七十四师是国民党军队中的“王牌军”，是蒋介石的“御林军”，全系美式装备，在华东解放区是华东野战军的强敌和死对头，歼灭整编第七十四师是华东野战军的固有战略目标，但一直没有捕捉到有利战机，而急于立功的整编第七十四师不顾两翼的配合，急于突进，全歼敌整编第七十四师的机会终于来到，机不可失，时不再来。

破釜沉舟，百二秦关终属楚

当华东野战军发现敌整编第七十四师单独冒进时，陈毅果断下达了“百万军中取上将首级”的命令，要求华东野战军除组织部队阻援之外，集中优势兵力全歼国民党“御林军”整编第七十四师。张灵甫率领整编第七十四师抵达孟良崮山顶时，自恃整编第七十四师装备精良、善打硬仗的优势，在孟良崮进行了顽抗的防守。而蒋介石也自信地认为其所谓“中心开花”的战略设想一定能实现，因而命令张灵甫死守孟良崮，同时命令国民党的增援部队不顾一切地支援整编第七十四师。

华东野战军指挥部鉴于蒋介石调动了10个整编师的兵力来援，而且多数已距离孟良崮仅一两天的路程，有的只有十几公里，情况十分危急，如不能在短时间内歼灭整编第七十四师，将陷入10个整编师的围攻之中。为此，华东野战军指挥部命令阻援部队无论如何一定要坚决阻击各路敌方援军，同时给主攻部队下达了死命令，要求不惜一切代价加速猛攻，一定要在援敌赶到之前迅速歼灭整编第七十四师。同时，华东野战军也抓住了国民党军队本身致命的弱点，那就是国民党内部派系林立，彼此之间互相推诿，再加上张灵甫平时为人骄横跋扈，目中无人，所谓“木秀于林，风必摧之，堆出于岸，流必湍之”，且增援整编第七十四师的援军行动迟缓，瞻前顾后，增援不力，完全背离了蒋介石的战略构想。华东野战军抓住难得的战机，发扬不怕疲劳、不怕牺牲、连续作战的英勇作风，在广大沂蒙山区人民的全力支持下，各参战部队密切配合、奋勇向前，终于在1947年5月16日上午，攻上孟良崮主峰，全歼整编第七十四师，击毙中将师长张灵甫，取得了孟良崮战役的完全胜利。

孟良崮战役纪念馆

惊天地，泣鬼神，敌哭我笑

孟良崮战役的胜利，是解放战争由战略防御转为战略进攻的重要转折点，沉重打击了国民党的战略部署，为刘邓大军千里跃进大别山，挺进中原奠定了基础，也奠定了国民党军队在解放战争中败局的基础，并为以后全歼国民党重兵集团提供了宝贵的经验。孟良崮战役结束后，陈毅元帅触景生情，当即赋诗一首：“孟良崮上鬼神号，七十四师无地逃。信号飞飞星乱眼，照明处处火如潮。刀丛扑去争山顶，血雨飘来湿战袍。喜见贼师精锐尽，我军个个是英豪。”战役结束后不久，毛泽东在与粟裕交谈时，曾诙谐地说，“孟良崮战役全歼整编第七十四师，有两个人没有想到，一个是蒋介石，另一个是我毛泽东”。

尘埃早已落定，历史已成定局，今天的孟良崮早已成为爱国主义教育的一面鲜红旗帜，孟良崮战役纪念馆成为中国十大红色教育基地之一，孟良崮精神也深深根植于每个中国人心中。同时，由于孟良崮战役的特殊意义，其战役遗址先后被山东省委党校、共青团山东省委、青岛市委党校等30多家单位列为国防教育基地，被评为“全国爱国主义教育基地”和“山东省革命传统教育基地”。

思考题

1. 孟良崮战役的胜利有哪些重大意义？
2. 请大家查阅相关资料，了解孟良崮战役纪念碑的造型及其象征意义。

6

钢铁担运队

扫码听故事

在莒南县鲁中革命烈士陵园里，展放着一张经典的支前照片，它反映了莒南县人民，也是沂蒙人民用小车支前的场面。迟浩田上将曾回忆说，革命战争时期伤员比较多，受伤的战士们就坐在这样的小车上，一边坐一个，然后用绳子揽起来，一个人在前面拉，一个人在后面推，相当艰苦。虽然这样的独轮车越来越少了，但奋勇支前的沂蒙人民不应该被忘记。

解放战争时期，莒南县人民在中共莒南县委的统一领导下，在“一切为了前线胜利”这一伟大目标激励下，组织起浩浩荡荡的支前大军，全县参加支前的民工有八批共30万人次，涌现出大批模范团体和英模人物。

抢救、转运、护理伤员

1947年7月，华东野战军进行南麻、临朐战役，莒南的6000名担架运输员和100名受过专门培训的救护员，带着3128副担架，在县委宣传部部长王健英的带领下奔向前线。在炮火的猛烈轰炸下，伤员被不断地抢救下来，担架队来回跑50里转运，每天运三次，日行150里，昼夜不停。

有一批从战场上抢救下来伤员，住在临朐县城东南的马庄，当时部队已经转移，

担运队行进中

第三担架连连长带着7副担架，抬着伤员向东南跑了100多里路，担架队队员刘维路的鞋破得不能穿了，就赤着脚走，双脚磨得鲜血直流，一步一个血印，但他执意不让别人替换，还积极鼓励大家别怕苦和累，坚持到底。

担架四大队，从南麻、临朐战场上抢救了大批伤员，教导员孙玉信和连长矫松两人一开始抬着一名女伤员，后来因为雨天道路泥泞，无法抬着走，他们就轮流背着伤员，一夜中不知走了多少路，鞋也掉了，双脚磨得直流血，天亮时终于来到医院。

淮海战役进行时正值北方冬季，莒南的一个担架团2700人，有1200人没穿上棉裤，但他们仍精神抖擞，出色地完成了任务。二营三连三排班长朱玉章，是个硬骨头，他右腿生疮，仍坚持运送伤员三个夜晚。在第二、第三个夜晚，他用手拉着棍子抬担架，每夜走50里路。一营、五营的队员在转运伤员的同时，不仅千方百计地想办法减少伤员的痛苦，还给他们喂饭、喂水、接尿、盖衣服，对伤员照顾得非常周到。

火线送弹药

在南麻、临朐战役中，我军指战员冒着滂沱大雨与敌军血战了半个多月，弹药的消耗量很大，民工运输队跟随部队运送弹药，沟头区二连的队员负责直接向前线阵地送迫击炮弹。天空有敌机轮番轰炸，地上炮火纷飞，运输队员们根本抬不起头来，大家就用绳子捆住五十公斤重的炮弹箱，再套在肩膀上，趴在泥水中往前拉。他们被泥浆溅得除了牙齿之外全身都是泥，皮肤也被泥水泡得特别痒。队员王从良连续多次执行任务，三次负伤，虽然身体疲惫之极，但他还是咬紧牙关坚持把炮弹送上战场。

跋涉送军粮

淮海战役中，莒南人民全力以赴支援前线，据不完全统计，在前线有10个运输团，常备民工23500人，小推车8500辆。后方有架桥、修路、运送粮草的民工169000多人，还有临时民工6100余人，赶运军粮的小推车5900辆。全县设立粮站15处，民站11处，茶水站11处，为过路的军队和民工服务。年轻力壮的劳力基本上都上了前线，很多村的党支部书记、村长都由妇女担任。同时，全县的妇女日夜推磨压碾打干粮一直持续了半个多月，共加工白面813万斤，小米1163万斤，制作军鞋80000双，宰杀猪1352头、鸡1349只、羊60只，收花生米5800斤。

莒南县担运队在县委宣传部部长王建英同志的领导下，先后参加了孟良崮、南麻、临朐、昌南等战役，肩挑人抬，车轮滚滚，跟随华东野战军第二纵队转战8个多月，其中有98%的人立功受奖，其中15人荣立特等功，5800多人荣立一、二、三、四等功。华东野战军第二纵队司令部授予莒南担运队“钢铁担运队”光荣称号，并奖励锦旗一面，同时还奖励机枪六挺和步枪等一批。这不仅是全体担运队队员的荣誉，也是莒南县全体人民爱党拥军、无私奉献革命精神的集中体现。

思考题

1. 莒南担运队为什么能够获得“钢铁担运队”的荣誉称号？
2. 从莒南担运队的故事中，你能够看出沂蒙人民身上具备哪些优秀品质？

7

乳汁救伤员的“沂蒙哑娘”明德英

扫码听故事

革命战争年代，沂蒙人民倾其所有支持中国革命，甚至不惜牺牲亲情和生命。“最后一碗米，送去做军粮；最后一块布，送去做军装；最后一个儿子，送去上战场。”在沂蒙，村村有烈士，乡乡有红嫂。乳汁救伤员、大爱无言见真情的明德英，用自己的实际行动诠释了沂蒙人民顾全大局、公而忘私、舍己为人、勇于奉献的高尚情怀。

“蒙山高、沂水长，军民心向共产党……续一把蒙山柴，炉火更旺，添一瓢沂河水，情深谊长……”

这段优美动听的旋律谱写了一曲党和群众、军队和人民水乳交融、鱼水情深的颂歌。在抗日战争和解放战争时期，这里诞生了无数可歌可泣的英雄儿女，沂蒙母亲、沂蒙红嫂、沂蒙六姐妹的事迹十分感人，而明德英就是沂蒙红嫂的真实原型。

明德英生于山东省沂南县岸堤村一个贫苦农民家庭，2 岁时因一场重病而无法开口说话。21 岁那年，讨饭来到沂南县马牧池乡横河村，经人介绍，嫁给了既无土地又无房屋、靠给人家卖苦力挣饭吃的贫苦村民李开田。看到他们夫妻俩的拮据境况，乡亲们让他们二人去看守墓林。明德英和丈夫就住在了墓地边一个青石垒砌为墙、暗黄色茅草为篷、四面透风的简陋窝棚里。

1941 年 11 月 4 日清晨，明德英刚要抱着不到一岁的儿子出门，就看见一个八路军小战士一边跑一边不安地回头观望，跌跌撞撞地一步步靠近墓地。明德英将这一切看在眼里，明白了小战士的处境，赶紧迎上去将他拉进自家窝棚里，按在床上，用破烂不堪的被子给他盖上。这时，两个日本兵一脚把房门踹开了。

日本兵逼问明德英：有没有看见一个受伤的八路。她指着自己的嘴巴，又指了指耳朵，摆摆手，向日本兵示意自己是一个聋哑人。两个日本兵不愿离开，打着手势再次逼问明德英，受伤的八路军战士到底去了哪里。明德英心里着急，就胡乱朝西山方向一指，两个日本兵竟信以为真，持着枪转身朝西山追去。

这个被救的八路军小战士名叫彭小春。当时正赶上日伪军大肆“扫荡”沂蒙山区，彭小春为了掩护首长和机关转移，在冲出敌人包围圈时身负重伤，一路踉跄着撤退到明德英看护的墓地里，正巧遇到明德英。

搜捕的日本兵走后，小战士彭小春因失血过多而休克。明德英心急如焚，不知该如何抢救这个小战士。忽然看到身旁号啕大哭的小儿子，明德英心里有了主意。她来不及多想，将自己的乳汁喂给小战士。小战士得救后，她又和丈夫李开田将家里仅有的两只老母鸡杀掉，熬了鸡汤给彭小春喝。

明德英每天都细心为小战士清洗感染流脓的伤口。在夫妻俩的精心照料下，没过多久，彭小春的伤基本痊愈，他含泪与明德英、李开田夫妇告别，立即前去追赶部队。

1943 年初，日军再次对沂蒙抗日根据地进行残酷的大“扫荡”。1 月 27 日，日军端着上了刺刀的步枪，一步步紧逼八路军山东纵队驻地马牧池一带，手无寸铁的当地百姓被驱赶进日军的包围圈。明德英的丈夫李开田，就不幸落入敌手。李开田同其他被抓的老百姓一起，被押解到沂水县城的一座破庙里。

李开田平时为人机警，趁日本兵休息的时候，他发现在这些被抓的人群中有一位八路军小战士，名叫庄新民。为了减少伤亡，上级决定让庄新民等一批年龄较小的战士穿上老百姓的衣服做掩护。而庄新民就是在一次夜间战斗中不慎掉队，与众多避难的老百姓一同被日军抓住。他由于年龄小，并未引起日军的注意，所以暂时还没有暴露身份。

为了帮助庄新民躲过日军的搜查，李开田悄悄对他说道：“如果日本兵审问你，你就说是我的儿子，我叫李开田，儿子是‘长’字辈，你叫庄新民，就说叫‘李长民’吧。日本兵要是问你家里还有什么人，就说家中还有两个弟弟，娘是个哑巴，叫明德英。”

不一会儿，庄新民就被拉进庙内审问，按照李开田的嘱咐，庄新民对答如流，毫无破绽。躲过日本兵的审问后，庄新民和李开田又一起被押解到泰安，在做了差不多一个月的苦力后才被释放回乡。历经一个月的磨难，庄新民身体变得非常虚弱，伤口化脓，高烧不退。李开田毅然决然地背着他翻山越岭，跨沟过河，长途跋涉几百里，回到沂南马牧池乡的家，来给他调养身体。

明德英见丈夫背回一个陌生人，没有任何怨言。夫妻俩不顾自身安危，冒着日伪军时常搜查的危险，在自家窝棚、村外石沟、附近墓地和草丛里，精心照料、掩护和转移受伤的八路军小战士庄新民。由于遭受长时间的疲累、伤痛和饥寒的折磨，庄新民虚弱至极、奄奄一息，但在明德英的精心照料下，经过一段时间的休养，庄新民的身体逐渐恢复。他依依不舍地含泪告别自己的救命恩人，踏上了归队的路途。

明德英乳汁救八路军伤员的故事，后被刘知侠写入短篇小说《红嫂》，继而被编入京剧《红云岗》、舞剧《沂蒙颂》，在全国一再上演，将沂蒙红嫂精神传遍全国。新中国成立后，明德英又先后送自己的儿子、女儿、孙子等 5 位亲人参军，充分体现了军民情深。

“最后一碗米，送去做军粮；最后一块布，送去做军装；最后一个儿子，送去上战场”……在革命战争年代，沂蒙人民在艰难困苦的条件下，用实际行动诠释了伟大的沂蒙精神，用生命谱写了一首动人的沂蒙赞歌。2013 年 11 月，习近平总书记视察临沂时指出：“沂蒙精神与延安精神、井冈山精神、西柏坡精神一样，是党和国家的宝贵精神财富，要不断结合新的时代条件发扬光大。”在实现中华民族伟大复兴的征程中，我们要严格按照习近平总书记讲话要求，自觉做沂蒙精神的弘扬者和践行者。

思考题

1. 读完明德英的事迹，你最大的感受是什么？

2. 你还知道哪些沂蒙红嫂的先进事迹？

8

沂蒙母亲王换于

扫码听故事

在沂蒙山区，有一位农村妇女，她虽普通，却有着不同寻常的惊人壮举。抗日战争时期，她主动创办战时托儿所，像亲生母亲一样呵护着每一个孩子。无论条件多么艰苦，孩子们在托儿所都能安然无恙、健康成长，可是她自己的4个孙子却因营养不良、照顾不周而不幸夭折。王换于一家牺牲自己的家庭换来革命后代的平安健康，用沂蒙人民质朴的行动抒写着爱党爱军、无私奉献的感人诗篇。

沂蒙母亲王换于（1888—1989）

王换于1888年出生，1989年去世，享年101岁。由于王换于在抗战时期创办了战时托儿所，照顾抚育了革命烈士的后代和八路军第一纵队机关工作人员的孩子，中央军委原副主席迟浩田上将深切题词："缅怀沂蒙母亲，教育后世子孙。"

1947年，在第一次世界妇女代表大会上，中国妇女运动的先驱人物蔡畅，作了沂蒙母亲王换于的事迹报告，从此王换于这个名字开始被世人所知。

两斗谷子换来的媳妇

1888年王换于出生于沂南县岸堤镇圈里村，19岁时嫁给马牧池乡东辛庄的青年于泮。由于当时女性地位低下，她一直没有自己的名字，嫁进于家后便被称为于王氏。她性格开朗，做事利落，思想活跃。抗日战争全面爆发后，当地党组织把她培养成抗日积极分子，担任党的情报联络员。

1938年底，王换于已经50多岁了，但仍然积极申请加入了中国共产党。在加入党组织时，一个干部知道她当年出嫁时是于家用两斗谷子换来的，便给她起名王换于。入党后不久，由于她工作积极，很快被推选为村妇救会会长和艾山乡副乡长，其丈夫、两个儿子和大儿媳，在她的影响下，也先后加入中国共产党。

主动请缨创办战时托儿所

东辛庄位于沂蒙山腹地，三面环水，一面环山，被称为“兵家绝地”。虽然日军经常路过这里，但从不敢在村里驻扎。1939年6月29日，中共山东分局和八路军第一纵队司令员徐向前、政委朱瑞等率领机关人员转战来到东辛庄，毅然选择在这里安营扎寨，并将“帅帐”安置在王换于家。他们坚信只要扎根基层，发动群众，绝处也能逢生。

此后，不仅八路军第一一五师、山东纵队、省战工会（省政府前身）、鲁中区党委、省妇救会、《大众日报》、北海银行、姊妹剧团等机关主要人员先后住进王换于家，罗荣桓、肖华、郭洪涛、黎玉、张经武、马保三、高克亭等山东党政军的其他领导人也曾住在她家里。

徐向前等领导不仅带来了指挥山东抗战的首脑机关，还带来了27个随军孩子。这些孩子大都七八岁，甚至还有才出生3天的婴儿，其中就包括小何（乳名，徐向前的女儿）、罗琳（罗荣桓的女儿）、陈晓聪（陈沂、马楠夫妇的女儿）等。由于部队南征北战，长期颠簸，生存环境十分恶劣，再加上长期缺乏食物，大人没有多少奶水喂养孩子，很多孩子发育不良，体质很差。

王换于看到这些孩子很是心疼，想到孩子们身体虚弱，如果继续跟着部队，不仅吃不好，还容易在战斗中夭折。于是她找到徐向前司令员，提议建一个战时托儿所，组织附近的群众抚养这些孩子，这样不仅孩子们能得到好的照顾，部队也能安下心来打仗。在遇到日军“扫荡”时，群众家庭也会是孩子们最好的保护屏障。

徐向前一听非常高兴，但他怕给当地群众添麻烦，一直没有表态。为了解除首长的担忧，王换于告诉徐司令员她对附近村庄都熟悉，谁家信得过，谁家合适养孩子她很清楚。在她的一再坚持下，徐司令员终于点头答应了。

1939 年 10 月，东辛庄正式成立了抗日托儿所，王换于任负责人。此后，她在做好抗日工作的同时，还担负起照顾和抚养革命后代的重任。为了完成这项任务，王换于挨家挨户打听。只要谁家有孩子夭亡了，她就动员做母亲的先别断奶，以便喂养托儿所的婴儿，并把年纪大些的孩子送到可靠的家庭抚养。在她的感染和动员下，不到 5 天时间，27 个随军孩子都找到了寄养家庭。

舍自家孩子保革命骨肉

在发动群众的同时，王换于一家抚养了罗荣桓的女儿罗琳，徐向前的女儿小何，胡启才的儿子胡鲁克和胡鲁生，陈沂和马楠的女儿陈晓聪等 7 个孩子。原本两个儿媳各家都有两个孩子，再加上新来的 7 个，吃饭就成了大问题。家里的粮食不久就吃光了，甚至连种子吃了也还不够，这可急坏了王换于，她发动全家向亲戚家借粮，以保证孩子口粮。后来组织上知道了这件事以后就主动接济她家粮食，这才勉强渡过了难关。

粮食紧缺是托儿所面对的最大的难题，而最大的危险则是掩护孩子躲过日军的一次次“扫荡”。由于王换于家里都是领导人的孩子，他们人数多、目标大，很容易被发现。为了掩护孩子，王换于和儿子在南山和北岭分别挖了两个山洞，敌人“扫荡”时，就带着孩子们秘密藏在山洞里。1941 年至 1942 年，王换于带着孩子们在山洞里躲过了敌人的三次“扫荡”，有时一躲就是两个月。

为了不被敌人发现，孩子们进洞后王换于都会在外面放哨，洞内的孩子们则由两个儿媳照看，儿子于学翠趁晚上天黑从家里带粮食过来。第一次进洞，由于害怕，孩子们哭闹成一片。两个儿媳就抱着小的吃奶，哄着大点儿的讲故事，才慢慢安静下来。在洞里不仅要时刻警惕敌人，还要给生病的孩子治病。1942 年夏天一个风雨交加的夜晚，有两个孩子高烧不退，眼看着孩子命悬一线，于学翠决定冒雨去请医生。为了安全，弟弟于学荣也跟了去。经过千辛万苦，终于请来医生，孩子的病治好了，但于学翠却在途中被树枝划伤多处，伤口感染化脓，直到秋后才痊愈。

王换于不仅精心呵护住在自己家的每一个孩子，还经常到其他寄养家庭里探望孩子。有一次，王换于到西辛庄看望一个孩子，他是革命烈士的后代，只有半岁，看到孩子又瘦又弱，王换于非常心疼。虽然自己家里的孩子已经不少，根本抚养不过来，但她仍然将孩子抱回家亲自喂养。当时，二儿媳陈洪良正处于哺乳期，由于营养不良，奶水严重不足，喂养一个孩子都不够，更不用说其他孩子了。王换于怀抱孩子对陈洪良说："这个孩子是烈士的后代，让咱的孩子吃粗的，把奶水给这个孩子喝吧。咱的孩子没了，还可以再生，咱可不能让烈士断了根呀。"在婆婆的感召下，陈洪良接过孩子悉心抚养。

对于这些孩子，王换于经常对儿媳说，为了咱们老百姓，孩子的父母在前线与敌人拼杀，咱们能做到的就是照顾好他们的孩子，好让他们在前线安心打仗。儿媳张淑贞和陈洪良都尽了自己最大的努力来照顾这些革命后代，但是自己的孩子却因长期营养不良，又缺乏照顾，一个个面黄肌瘦、身体孱弱。

1940 年秋，王换于二儿家的儿子秋江突然拉肚子，可他的妈妈陈洪良正忙着照顾托儿所的孩子们，没有时间带秋江找医生，结果秋江拉到严重脱水，身体极度虚弱，第三天晚上就不幸夭折了。后来，二儿媳陈洪良又生了两个孩子，却都因营养不良、照顾不善而夭亡。

1941 年，王换于大儿子家的春海已经 8 岁了，他经常帮着大人照顾托儿所的孩子们。11 月，敌人突然来"扫荡"，当时春海正在感冒，却硬撑着帮大人转移孩子。在回家途中，天突然下起大雨，过河时还遭到敌机轰炸。春海浑身是水，又冷又吓，回家就病倒了，躺在床上高烧不退，不停发抖，最终转为肺炎不幸离世。

对于亲生骨肉的相继离世，王换于及儿子、儿媳都肝肠寸断，可他们强忍悲痛，用牺牲自己的家庭换来革命子女的平安无恙。从 1939 年秋到 1942 年底，托儿所的儿童从 27 名增加到 41 名，王换于带领两个儿媳和村里妇女抚养了 33 名革命后代和 8 名烈士遗孤；1943 年以后又陆续接收了 45 名孩子，至此一共有 86 名孩子在战时托儿所寄养过。抗日战争胜利后，东辛庄又安置了山东省保育小学的600多名学生。接受组织委托，王换于一家再一次担负起照顾责任，保护好每一个学生。

冒险保存联合会刊

1941年冬，日军纠集了5万人大肆“扫荡”沂蒙山区。为了保存《山东省联合大会会刊》，山东省参议会副参议长马保三找到王换于，语重心长地对她说：“这本书记录了山东省所有抗日领导机构和抗日干部名单，一定要把它保存好，千万不能落到敌人手里。”王换于把这句话记在了心里，她整整保存了38年，直到1978年，见组织上还没安排人来拿，王换于就把它交给了当地政府。后来，山东省档案馆收藏了这本书，填补了山东省第一次各界人民代表联合大会资料的空白。

救治白铁华

抗战期间，为了保证抗日干部和百余名八路军战士的安全，王换于全家冒着生命危险对他们进行掩护和救治。

1941年11月，《大众日报》发行科的毕铁华（后改名白铁华）被日军逮捕。他身上多处被敌人用烧红的刺刀烙焦，血肉模糊，伤口溃烂，生命垂危。群众想方设法将他救出，送到王换于家中治疗。经过王换于和家人40多天的精心照料和救治，毕铁华康复了，很快就重返工作岗位。

厚葬陈若克

陈若克是时任中共山东分局书记朱瑞的妻子，他们当时住在王换于家，称王换于为干娘。1940年8月，陈若克作为中共山东分局的女干部，代表全省妇女在山东省各界人民代表联合大会上作了《山东妇女运动的新任务》的报告，这篇报告的初稿就是在王换于家中撰写的。

1941年冬，陈若克已怀孕8个月，正巧赶上日军5万多人的大规模“扫荡”，由于身体原因不方便和大部队一起转移，王换于劝她就地隐蔽起来，但陈若克执意要跟着部队走，王换于拗不过她，只好将她打扮成村妇送出村庄。1941 年 11 月 7 日，因行动缓慢，陈若克在突围中与部队走散，孩子早产后她被搜山的日军发现。被捕后，陈若克始终坚贞不屈，日军气急败坏，最后残忍地杀害了她母女俩。同年 12 月中旬，陈若克母子的遗体被秘密运到了王换于所在的村庄。

望着陈若克血肉模糊的遗体，王换于心如刀绞。当晚，在昏暗的油灯下，王换于拿起针线，为陈若克和婴儿赶制寿衣，花了整整一晚上的时间。随后她整理好母女俩的遗容，又帮她们穿好寿衣。为了安置烈士，王换于卖掉了仅有的 3 亩半土地和 3 棵楸树，买了一口大棺材和一口小棺材，把陈若克母女葬在村庄附近，每年都去凭吊，直到她去世。

2013 年 11 月 25 日，习近平总书记到山东临沂调研，接见了王换于的孙女于爱梅。习近平总书记深情地说："我一来到这里就想起了革命战争年代可歌可泣的峥嵘岁月。在沂蒙这片红色土地上，诞生了无数可歌可泣的英雄儿女，沂蒙六姐妹、沂蒙母亲、沂蒙红嫂的事迹十分感人。沂蒙精神与延安精神、井冈山精神、西柏坡精神一样，是党和国家的宝贵精神财富，要不断结合新的时代条件发扬光大。"

英雄虽逝，精神永存。让我们牢记习近平总书记的嘱托，传承红色基因，弘扬沂蒙精神，只争朝夕，不负韶华，为中华民族的伟大复兴担当起应负的历史使命。

思考题

1. 王换于一家为什么能够牺牲自家孩子去照看托儿所的孩子？这体现了一种什么精神？

2. 你认为王换于身上最可贵的品质是什么？请结合实际谈谈新时代的大学生应如何培养这些品质？

9

支前拥军的女模范“沂蒙六姐妹”

扫码听故事

你是否观看过2009年上映的电影《沂蒙六姐妹》？如果没有，那请你一定要抽出时间去看，从中你会认识一群极普通、极平凡而又伟大的沂蒙女性。这部影片是向新中国成立60周年献礼的重点影片，一经上映就博得社会各界的高度赞誉，被誉为“中国版的《这里的黎明静悄悄》”，而这背后的真实故事更是感人至深。

1947年5月，我军在蒙阴县孟良崮围困国民党“王牌军”整编第七十四师，奋勇击敌，孟良崮战役在此打响了。在距离它30公里的山旮旯里有个仅有150户人家的偏僻小村庄——烟庄，每天都有解放军部队行至此处，又急忙奔赴前线。部队进村后，筹集粮草、缝制军鞋、运输弹药、照顾伤员等紧急工作都需要有人做，但是村庄里的成年男子都随解放军上了前线，家里剩下的多是妇女和孩童，连个主持支前工作的人都没有，这可急坏了乡亲们。此时，公方莲、张玉梅、伊廷珍、杨桂英、冀贞兰、伊淑英六姐妹主动站了出来，成了“村干部”，自发组织全村老弱妇孺承担起拥军支前的重任。她们商定暂时由张玉梅当村长，伊廷珍当副村长，其他人分别担任文书、财粮员、公安员等职务，就这样她们的工作开始了。

在得到首长和部队的认可后，六姐妹主动承担起筹集和运送粮草的艰巨任务。很快，六姐妹就接到来自区里的一个紧急通知，要求她们村尽快为前线战马准备

◎ 五位“沂蒙六姐妹”合照，后排左起为：冀贞兰、伊淑英、杨桂英、张玉梅，前为伊廷珍（公方莲已于1977年病故）

5000斤草料，并送到指定地点。这一任务令人犯难，因为遭受敌机轰炸和敌人多次“扫荡”后，村子被烧得一堆草料也很难找到。虽然困难重重，但她们没有丝毫犹豫，不敢耽搁一分钟，扛起秤，就翻山越岭到邻近的村子借草料，凑足之后又赶紧组织村里其他妇女一起运送到指定地点。

由于军区食物紧缺，紧接着六姐妹就接到第二个重要任务，需要在两天内把5000斤粮食烙成煎饼送到前线。这一任务对村里的老弱妇孺来说非常艰巨。村里能够摊煎饼的不足70人，想按时烙完5000斤粮食，那每个人两天之内必须要把70多斤粮食烙成煎饼，眼看时间紧迫，大家连夜支起了烙煎饼的鏊子，一时间村庄灯火通明，煎饼香味四起，一张张煎饼出鏊，一摞摞煎饼被打包。张玉梅一天没吃一口饭，晕倒在鏊子边上，醒过来吃点东西，喝口水，又接着干活；公方莲由于过度劳累，烙煎饼时打瞌睡导致手被烫伤，但是她依旧坚持把煎饼烙完……六姐妹共计烙了600多斤煎饼，不仅完成了自己那份，还分担了十几位军属的任务。她们的精神感动和鼓舞了乡亲们，大家齐心协力按时烙完煎饼，并及时送到了前线。

5月15日，孟良崮战役进行得愈发激烈，战区伤员接连不断，第一批从前线抬下来的伤员被送到了烟庄，六姐妹带领大家给伤员清洗和包扎伤口，还为战士们发慰劳品。此时，战区又下达了第三道紧急任务——5天赶制245双军鞋。心灵手巧的冀贞兰即刻带领烟庄的妇女们拿起针线，开始打袼褙、做鞋帮、纺线捻麻绳，直到深夜。纳鞋底可不是轻快活儿，一只鞋底要纳120行，一行要走30多针，每针都要经过锥眼、穿线、走线、拉紧等多道工序。为了完成任务，乡亲们不分白天黑夜地赶做，手、胳膊和大腿都磨起了泡、出了血，手指也变了形。因为没有垫鞋底的布料，冀贞兰等人带头将自己褂子上的大襟布撕下来当鞋料。大家把做好的军鞋交上后，六姐妹清点时发现还多出7双，询问后才知道，原来是几位军属另外捐献的。

252 双军鞋被按时送到了前线，一双双崭新的军鞋寄托着烟庄姐妹们对前线亲人和将士们的无限深情。

送完军鞋，六姐妹又接到了给前线运送弹药的任务。虽然意识到此次行动极其危险，但是她们毫不犹豫地接下任务，选择将危险留给自己。六姐妹联络上几位被评为“支前先进”的姐妹，大家组建成一支妇女运输队。两个人抬一箱，一个弹药箱重达 100 多斤，队员们翻越 20 多公里的崎岖山路，冒着敌人的炮火，一直送到前线。随着敌军越来越靠近村庄，解放军队伍要火速转移，部队干部联系上六姐妹，让她们带领乡亲们赶快向北转移。六姐妹在转移路上遇到了受伤的战士，立刻停下来为伤员包扎伤口，并绑好担架，抬着伤员一起转移。敌人的炮火无情地袭来，六姐妹之一杨桂英 4 岁的儿子被剧烈的爆炸声震聋了双耳，她的奶奶也被敌人的炮弹炸死了。

为了支援前线，保卫国家，烟庄姐妹们不仅付出了劳动和汗水，还失去了最爱的亲人。在整个莱芜战役和孟良崮战役中，六姐妹带领烟庄乡亲们为我军部队筹集军马草料、烙煎饼、洗军衣、做军鞋、运送弹药和照顾伤员，为战役胜利提供了充足的后勤保障。1947 年 6 月 10 日，当时鲁中军区机关报《鲁中大众报》以《妇女支前拥军样样好》为题，报道了这支模范群体。从此，“沂蒙六姐妹”的名字传遍了整个沂蒙地区。

“沂蒙六姐妹”这一光荣称谓是怎么来的呢？据冀贞兰老人回忆，有一天，她们姐妹六人被叫到蒙阴的野战军指挥部。在那里，她们见到一位首长，首长与她们亲切交谈了一会儿，笑着说：“给你们起个名字吧，说叫大嫂呢，你们还有没结婚的呢，叫大姐吧，还有结了婚的，干脆就起名叫‘沂蒙六姐妹’吧。”多年以后，当冀贞兰在孟良崮纪念馆看到陈毅的照片时，觉得面熟，身旁的人告诉她，那就是陈毅，此时冀贞兰才知道当年给她们命名“沂蒙六姐妹”的正是陈毅元帅。

从战火硝烟中走来的“六姐妹”，一直没有停止爱党拥军的脚步。新中国成立后，六姐妹主动发动和组织村里妇女同志参与家乡建设，挖井、修建水库、整山改地，继续发扬革命战争时期不怕苦不怕累的精神。当全国实行计划生育政策时，她们主动承担起全村的计划生育宣传工作。她们对人民子弟兵有着特殊的情结，迟浩田上将曾为她们题词“沂蒙六姐妹，拥军情永不忘”。革命战争时期，她们送丈夫、兄弟上前线，动员村里青年男子参军；新中国成立后，她们又鼓励自己的儿孙参军，在村子里，对军烈属照顾得无微不至。

“六姐妹”亲历了新中国从站起来、富起来到强起来的蜕变过程，看到祖国越来越好，所有奋斗和付出都是值得的。2009 年，作为新中国成立 60 周年献礼片之一的电影《沂蒙六姐妹》就是以她们为原型，向全国乃至全世界人们讲述和宣传她们的感人事迹。2011 年 5 月 23 日，以“沂蒙六姐妹”为主题的沂蒙六姐妹纪念馆在蒙阴县烟庄村开馆，它的建立可以让更多的人了解她们的故事，感悟她们的精神。“沂蒙六姐妹”不仅是这六个人，她们更是千千万万为国家、为沂蒙地区发展作出贡献的“沂蒙巾帼”。虽然她们已离我们远去，但是伟大的沂蒙精神将继续激励新时代的人们为国家富强挥洒热血。

思考题

1. 请思考“沂蒙六姐妹”为何要主动承担起拥军支前的重要任务。
2. 谈一谈“沂蒙六姐妹”身上有哪些值得我们学习的精神品质。

10

陈毅担架队

扫码听故事

1947 年 1 月 20 日，著名的鲁南战役以解放战争以来我军歼灭敌军人数最多的战绩宣布胜利。这场胜利属于战场上保家卫国、奋勇杀敌的解放军将士，也属于自愿报名、自备担架、组织有序，专注于从前线抢救我方伤员的担架队。在众多担架队中，有一支队伍曾被陈毅同志评价为英雄群体的“范例”，它就是鲁南平邑一区担架队。

1946 年 8 月，国民党军队开始大举进攻鲁南解放区，为响应革命号召，平邑县平邑一区号召青年组建担架队支援前线。村里的民兵连连长王立法第一个报名参加，其他青年也积极报名，在短短几天内，就组建了一支有 68 副担架、354 人的担架队，命名为“鲁南平邑一区担架队”，并进行了严密编排，每副担架还安排一个民兵负责照顾伤员。队伍准备有序，火速奔赴前线。

1947 年 1 月初，在陈毅司令员的亲自指挥下，著名的鲁南战役全面展开。平邑一区担架队随军辗转七天七夜刚到达傅山口附近的战场，就接到了由新四军部队总兵站下达的第一次任务。按照前线部队首长的指示，大队长郭兴茂把 3 个中队担架队按照火线抢救、转移到包扎所和运送医院等任务，顺序布置在阵地后面的山腰上，做到互相配合，分散隐蔽。二中队中队长高启文有过作战抢救伤员经验，主要负责组织火线抢救，他仔细观察了战地地形，把山坡的沟边、坝子根、坟堆旁等便于隐

担架队队员正抬着伤员过沟壑

蔽的地方作为队员们的藏身之地，而自己则带一副担架俯卧在最前沿的石棚下，随时观察战场情况。

此时战地上空乌云密布，雨雪交加，“轰轰轰……”穷凶极恶的敌人，向我军发起了疯狂进攻，战斗打响了。在炮火的掩护下，敌军坦克队犹如长龙般，横冲直撞地向我方阵地开来。高启文隐蔽在战场前沿的石棚下，当看到我方部队马上要反击时，他快速地向队员们发出作战信号：“做好抢救准备!”顷刻间，炮声枪声交织在一起，双方展开激烈战斗。高启文看到前方一名战士中弹倒地，正吃力地向附近一个瓜棚子爬去。可恶的敌人并没有善罢甘休，转而用机枪不断地向受伤的战士身边扫射。高启文万分着急，告诉担架队友，自己上去背那个战士下来，让他们做好转运的准备。话音刚落，他就向伤员冲了过去。敌人见状立马加紧了火力封锁，子弹不断地从他头上飞过。一颗炮弹在他附近爆炸，击起的乱石砸在高启文的额头上，他顾不得额头流血，忍着疼痛，爬到伤员身边，背起伤员用尽全身力气往回移动……

俗话说“路长无轻担”，何况是抬着沉重的伤员啊！参加过担架队的王立法老人在接受记者采访时回忆，当时条件很艰苦，在转运伤员的时候，担架队队员顾不上吃饭是经常的事，“一队人，一天半就喝了9锅白开水”。虽然饿着肚子，但是大家个个情绪高昂，路上还相互鼓励，“忍受不了饿肚子，当不了担架队员”。在战场上，担架队员承受的不仅仅是饥饿，他们随时还面临受伤甚至牺牲的危险。

担架队队员对待受伤的战士像对亲人一般，为他们整理担架、铺放衣服，喂水、喂饭，问候疼痛、冷暖，悉心照顾。当遇到浑身上下都有重伤的战士时，高启文会格外小心照料。有一次，高启文正在帮伤员翻身，他发现伤员好像要大小便，为了让伤员减少痛苦，他便解下系在自己腰带上的茶缸和饭瓢，用来给伤员接大小便。他们宁愿自己挨饿，也会竭尽全力保证伤员们的三餐。转运路上，平邑一区担架队争相做“爱护伤员的先进集体”，与伤员们结下深深的革命友谊。

1946年12月16日夜，中队长刘炳才带队携10副担架奔赴苏北支援宿北战役。当赶至上下坞附近时，与敌军相遇，刘队长即刻组织队员们放下担架，冲到对面河沟里埋伏起来。当敌人一靠近，我方部队一阵排枪打得敌人四处逃窜，溃不成军。刘队长带领民兵猛冲上去，迫使敌人跪在担架队队员面前缴械投降。这次战斗，俘敌200余人，缴获枪支100多支。一天夜里，丁兴茂带领24名民工、4名民兵，携带6副担架，前往我军阵地，刚一出村就遇上敌人。丁兴茂带头冲上去，他们沉着应战，抓获26名俘虏，缴获1门大炮、1挺重机枪、3袋子弹和3匹战马。

12月17日晚，平邑二村农救会会长华庆安带领3名民兵、12名担架队队员，正赶往小桥庄阵地执行抢救任务，迎面碰上一股逃窜的敌军。他们当机立断，正面迎敌，朝敌军猛烈射击，敌人被迫缴械投降。仁德庄的担架队队员林传江，在抢救伤员过程中不幸牺牲，其胞弟林传德把他送回老家埋葬后，紧接着又重返前线，决心手刃敌人为牺牲的哥哥报仇。军属模范冯光成、队长张洪元、队员尹士荣虽身负重伤，仍然抢救转运伤员；队员刘相春，在敌方机枪的扫射下，仍然冲向战场，背着伤员一口气跑了8里路；队员魏有成腹部生疮，家中父亲病重，依旧坚持不下火线。

鲁南战役历时半个多月最终取得胜利，此时平邑一区担架队已跟随解放军跋涉30多天，往返总路程达500多里，出色地完成了任务。1947年2月，他们紧急随军参加莱芜战役，途中经过自己的家门口——平邑镇时，久别家乡的担架队员们内心非常激动。可是，当他们一想到战事紧迫，就自觉地打消了回家的念头。因此，解放战争史上留下了平邑一区担架队“路过家门而不入”的美谈。

临近莱芜战场时，一道特急命令，要求担架队在天黑之前赶到指定地点。经慎重考虑，他们决定白天行军，为免遭敌机空袭，除做好伪装外，每个中队要选派一名队员作“瞭望哨”。要为兄报仇的林传德是二中队的“瞭望哨”，他和队长高启文谨慎地瞭望上空，观察周围环境，警觉到敌机来袭，便立马吹起防空哨，队员们听到后迅速疏散隐蔽。转眼工夫，敌机的炮火便摧毁了村庄，我军炮弹箱岌岌可危。高启文、林传德、刘起顺等人见状不顾个人安危，冒着枪林弹雨，用小车把炮弹箱推到了安全地带。炮弹箱保住了，但担架队伤亡惨重，6 人壮烈牺牲，4 人身受重伤。待敌机离开，担架队告别牺牲的同伴，安顿好受伤的同志，又紧随新四军“〇一”部队到莱芜前线英勇奋战。在莱芜战役中，平邑一区担架队不仅胜利完成了转运伤病员的任务，还积极参战，为莱芜战役的胜利作出了突出贡献。

莱芜战役结束后，总兵站庆功大会上，鲁南支前司令部、政治部充分肯定了平邑一区担架队在宿北、鲁南、莱芜战役中作出的牺牲和贡献，为其授予“陈毅担架队”的光荣称号，并颁发锦旗，现在这面锦旗被珍藏在沂蒙革命纪念馆内。先进个人也都获得嘉奖，被授予“模范担架队员”称号并记功。鲁南平邑一区担架队跟随华东野战军南征北战，铁肩担重任，立下汗马功劳，用行动证明了那句话：“前方打胜仗，人民是保障，部队打到哪里，人民就支援到哪里。”

思考题

1. 谈一谈“陈毅担架队”在革命战争时期发挥了怎样的作用。
2. 作为新时代青年，我们应该向“陈毅担架队”学习哪些品质？

11

大青山突围战

扫码听故事

大青山突围战是沂蒙抗日根据地军民反击日军大“扫荡”的一次著名战斗，也是山东抗战史上损失最为惨重、抗战军民表现最勇敢最悲壮的一次战斗。

大青山地处山东省临沂市蒙山主峰东麓，因树木繁茂、四季常青而得名，主峰位于费县、沂南、蒙阴三县交界处，海拔 686.2 米。大青山因山势险要，从抗日战争开始，八路军沂蒙根据地的中心区就坐落在这里。1941 年 11 月，这里发生了一场震惊世人的战斗——大青山突围战，它不仅是沂蒙抗日根据地军民反击日军“铁壁合围”大“扫荡”中的一次著名战斗，也是山东抗战史上损失最为惨重、抗战军民表现最勇敢最悲壮的一次战斗。

大青山胜利突围纪念碑

陷入圈套

1941 年 11 月，沂蒙抗日根据地遭遇了侵华日军以及伪军堪称“铁壁合围”式的大“扫荡”，日军及伪军总人数多达 5.3 万。但大“扫荡”并没有他们预想中那样顺利，他们如同一条条饿犬在崇山峻岭中到处寻找着自己的目标，依然一无所获。

抗大一分校是在沂蒙山区反“扫荡”战斗中最英勇的部队之一。1941 年 11 月 29 日，抗大一分校进行转移，转移路线为泰莱根据地向大青山地区。这时，一次次失望的敌人改变作战策略，一方面继续安排一部分人追踪，另一方面增派近万兵力进行堵截，其中包括战斗力强、山地作战经验丰富的 5000 余人的精锐部队以及配合作战的伪军和土顽部队数千人。狡猾的敌人带着消灭抗大一分校的狂妄企图，趁着夜色，秘密进入大青山四周，布置了合围圈。然而，这一严重敌情并没有被抗大一分校发现。

1941 年 11 月 29 日，八路军第一一五师和山东纵队向日军、伪军占领的绿云山、狼窝子地区发动进攻，誓要拔除这个位于沂蒙中心区域的绿云山日伪军据点。中共山东分局、省战工会、省群团组织、报社、医院等后方机关向大青山方向战略转移，以便集中兵力作战，同时防止机关受损。

血染大青山

1941 年 11 月 30 日凌晨，在大青山驻地东北方向的抗大一分校第五大队与敌人遭遇，打响了战斗第一枪。伴随着第五大队哨位燃起的报警烽烟，重炮声从东南方向也传了过来。就在这时，我军收到侦察员报告，有三路敌人向大青山奔袭过来。在不足一个小时的时间内，狡猾的敌人就摆开了合围之势。

抗大一分校校长周纯全果断地处置，沉着指挥抢占大青山，组织突围。在突发战斗中抢占制高点，是战斗胜利的重要因素。熟悉山岳地区作战的日军，自然明白抢占制高点的重要性，而且日军凭借其精良的大炮，已经率先抢占了大青山一号高地，正向二、三号高地冲去。尚未接到命令的抗大一分校第五大队，主动抢占制高点，最终先敌一步，占领二、三号高地，为组织突围争取了宝贵的时间。二、三号高地的争夺战非常激烈，一时间枪声、炮声、厮杀声不绝于耳。

11

扫码听故事

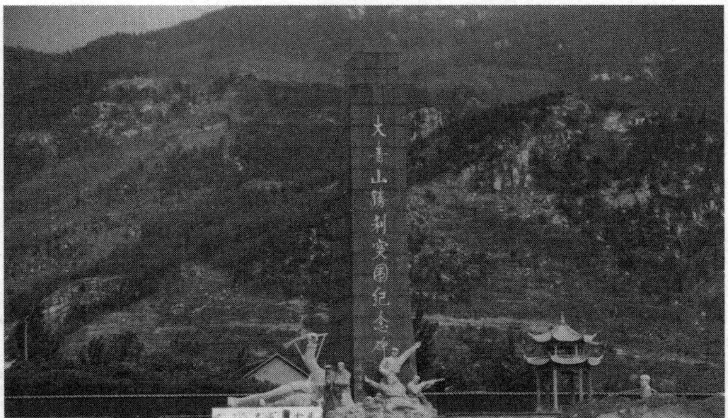

就在这紧急时刻，由绿云山地区向大青山转移的中共山东分局、省战工会、省群团组织、报社、医院等后方机关几千人又拥进抗大一分校驻地，误入了敌人的包围圈。令这数千名机关后勤人员没想到的是，他们将要面临的是山东抗战史上最血腥、最惨烈的搏杀！

此时，陷入敌人包围圈的大部分都是装配武器数量少、质量差的非战斗人员，有战斗力的只剩下抗大一分校武装学员队。

四面八方传来越响越密的枪炮声，战场战事节奏突然加快。敌人使用的是精良的武器装备，有三八式步枪、轻机枪，还有重机枪、掷弹筒，枪声、扫射声及炮弹爆炸声不绝于耳。敌人的炮火将遍布山野的我军的非战斗人员包围，原本就只有少数人携带驳壳枪、手枪和手榴弹，在猛烈的枪炮攻击下，这些武器更是无济于事。这些毫无战斗经验的人只好往山上撤。另一方向，经过多轮拉锯战后，先前占领的二号高地最终被敌人攻陷，日军开始集中兵力、火力连续进攻三号高地，决定生死存亡的屏障仅剩下了三号高地。

在这万分危急的形势下，周纯全果断制定突围方案，指挥抗大一分校第五大队占领部分高地等有利地形，对合围的敌人进行阻击；而打开突围口，掩护全体人员向西蒙山方向突围的任务由中共山东分局警卫连负责。

面对敌人的猛烈攻击，占据三号高地的抗大一分校第五大队学员伤亡惨重，子弹都打光了，周纯全带领学员在三号高地死守，誓与阵地共存亡。突围人员面对猛烈火力，不怕牺牲，勇猛向前，战士不断倒下。危急时刻，第五大队幸存的学员不顾重大伤亡，组织发起了对敌人的全面冲击，敌人慌忙接战，火力骤然减弱。终于，经过一番激烈的战斗撕开了敌人的包围圈，占领西蒙山后，警卫连继续向两翼敌人发起攻击，以掩护大部队突出包围圈。

就这样，战斗从上午一直持续到太阳偏西，此时，警卫连子弹所剩无几，人员伤亡惨重。太阳西斜时，三号高地失守。敌人急红了眼，向高地冲锋，凭借优良的武器和优势兵力惨无人道地屠杀我军战士。整个战场血肉横飞，惨不忍睹。

近千人壮烈牺牲在突围的战场上，其中包括山东省战工会副主任兼秘书长陈明、国际友人汉斯·希伯、第一一五师敌军工作部部长王立人、抗大一分校第二大队政委刘惠东、蒙山支队政委刘涛等。

当然，这其中不乏英勇悲壮的故事。第二中队的指挥员程克为了坚守阵地，在子弹全无的情况下，用石块拼命反击敌人，日军想活捉他，可程克毫不畏惧，等到敌人一靠近，他猛然跳起抱住一个敌人狠狠地咬下了他的耳朵，然而，程克最终倒在了敌人的刺刀下。第二大队政委刘惠东在完成汇报任务归途中身负重伤，他用尽全身力气将手榴弹扔向敌人，并把最后一颗子弹留给了自己。国际友人汉斯·希伯受伤后仍然同日军英勇拼杀、血战到底，用最后一颗子弹自杀，将鲜血洒在了沂蒙大地上。

战斗实力的悬殊

抗日战争时期，我军主要以游击战和运动战为主，与日军发生大规模、正面阵地作战的机会并不多。大青山突围战则是被迫进行的大规模、正面突围作战，参战双方实力悬殊，是我军对日军作战史上为数不多的正面阵地作战。

这场敌我实力悬殊的战斗，从人数上看，我军仅有 1 万人，而敌军有 5.3 万人；在武器配置上，日军拥有步枪、轻重机枪和大炮，远远优于我军；从战斗力上看，敌人是精锐部队，我军非战斗人员占大多数，其中绝大多数是机关后勤人员、女同志、伤员等。在如此悬殊的情况下，我军以近千人牺牲的代价换来了胜利突围，保存了山东的革命骨干力量。

英烈永铭记

大青山突围战是山东抗战史上一次不能忘却的战斗，我方在极为不利的形势之下，发挥视死如归的自我牺牲精神，同敌人进行了顽强战斗，冲破了敌人设置的层层包围，成功保留了革命的火种。许多英雄为突围战献出了宝贵的生命，他们的尸骨永远埋在了大青山。1944 年，费县

大青山胜利突围纪念碑

抗日民主政府选址东梭庄，建立大青山革命烈士陵园，以纪念大青山突围战和缅怀在这次战斗中牺牲的英烈。1997 年 11 月 30 日，中共临沂市委、临沂市人民政府和中共费县县委、费县人民政府在大青山的西北、公路东侧的李行沟建立了“大青山胜利突围纪念碑”，并建立了一座碑亭，供今人瞻仰和凭吊。碑高 19.41 米，正面镌刻“大青山胜利突围纪念碑”，碑阴碑文记载着大青山突围战的战斗经过。2012 年 11 月，大青山胜利突围纪念馆在大青山落成，它也成为当地爱国主义、国防教育和党史教育的“红色圣地”之一。

思考题

1. 在大青山突围战中，哪支部队发挥了重要的作用？
2. 大青山突围战的历史意义是什么？

12

《沂蒙山小调》诞生记

扫码听故事

每句话都如同一段诗篇，每一个句子都唱出动人旋律，这首优美的小调歌唱了那段血染的岁月，它见证了沂蒙人民昔日的艰苦岁月，也唱出了沂蒙儿女今天的幸福生活。

蒙山巍巍沂水长，《沂蒙山小调》这首旋律悠扬的歌曲不禁让人想起那段抗日战争的艰苦岁月。是这样一首歌，鼓舞了我军斗志，凝聚了军民的斗争信念，汇聚了沂蒙人民对美好生活的向往。这首歌诞生的故事见证了沂蒙大地的艰苦岁月，也展现了沂蒙儿女顽强不屈的斗志。

1940 年 6 月，《沂蒙山小调》的前身——《反对黄沙会》在风光秀美的费县薛庄镇白石屋村诞生。当时抗大一分校驻扎在沂蒙山区参加反顽斗争，抗大一分校文工团以文艺宣传为武器，配合我军行动。由主任袁成隆提议，文工团两位年轻的团员李林和阮若珊，根据山东逃荒到东北的卖唱人所唱的旋律创作了《反对黄沙会》，这首歌曲歌词通俗易懂、曲调朗朗上口，博得了广大群众的喜爱。同时这首歌曲也鼓舞了我军斗志、教育了群众，在沂蒙山区反对顽固派的斗争中出色地发挥了文艺宣传的积极作用。

1940 年 8 月，《反对黄沙会》更名为《沂蒙山小调》。在之后的抗日战争和解放战争时期，根据当时形势任务的变化，在保留前两段的基础上，后面的歌词也在不断变化。抗日战争时期，更改为反投降、反卖国、抗日的内容，解放战争时期又改为反对国民党、打倒蒋介石、拥军支前的内容。《沂蒙山小调》歌词通俗易懂、生动真切，曲调美妙动听，受到了广大军民的喜爱，并很快传遍了鲁南、鲁中、滨海、胶东、渤海、华北、东北各抗日根据地。

沂蒙山小调

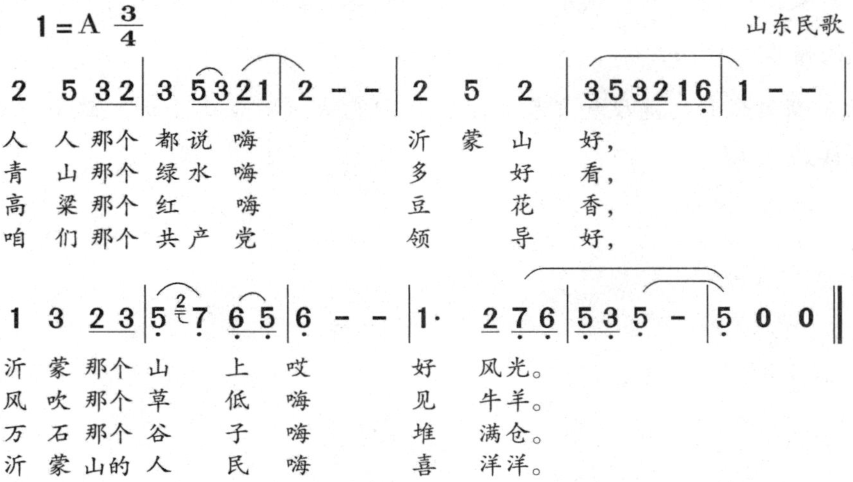

《沂蒙山小调》曲谱

战争期间，《沂蒙山小调》依靠口口相传，没有正式出版，因此不知道作者姓名，被认为是一首无作者的“山东民歌”。

现在这首家喻户晓的《沂蒙山小调》，是1953年秋，山东军区政治部文工团的李锐云、王印泉、李广宗因演出需要，在前两段的基础上续加了两段歌词，重新记谱更名而成的。

80多年来，这支优美动听的《沂蒙山小调》，传遍了大江南北、长城内外，不仅鼓舞抗日军民奋勇战斗，还激励人民建设美丽家乡，它是歌颂党、歌颂沂蒙山秀丽风光和人

望海楼下，白石屋村，《沂蒙山小调》诞生地

民幸福生活的赞歌，更是历经革命战争洗礼的红色精神。这宝贵的红色文化一直根植于沂蒙人民的血脉中，在新时代建设大美临沂的浪潮中，必将闪耀更加动人的光彩。

思考题

1.《沂蒙山小调》的歌词通俗易懂，同时饱含深情，这首歌曲的歌词表达了词作者怎样的情感和信念？

2. 面对新时代新的建设和发展要求，我们能从《沂蒙山小调》这首歌曲中找到哪些新的精神动力？

13

永远的经典《沂蒙颂》

扫码听故事

革命战争年代，沂蒙山区有一个伟大的女性群体，她们送子参军、送夫支前，缝军衣、做军鞋、抬担架，舍生忘死救伤员，不遗余力抚养革命后代，展现了水乳交融的军民鱼水情，她们就是“沂蒙红嫂”。

1961 年，作家刘知侠根据沂南县聋哑妇女明德英用乳汁救伤员的真实事例，创作了短篇小说《红嫂》。1964 年，根据小说改编的京剧《红嫂》进京演出受到毛主席的夸奖，他希望能将之改编成芭蕾舞剧。1971 年，中央芭蕾舞团创作组六次下沂蒙山区采风，编创了芭蕾舞剧《沂蒙颂》。1972 年初，北京天桥剧场，芭蕾舞剧《沂蒙颂》举行试验性公演，一炮打响，轰动一时。“蒙山高，沂水长，军民心向共产党……”它所颂扬的博大无私的爱，跨越了故事的发生地和历史，深深感染了不同年代、不同生活背景的人们。

《沂蒙颂》是一部四场芭蕾舞剧，讲述了英嫂用乳汁救助解放军伤员的故事。解放战争时期，沂蒙山区妇女英嫂上山采野菜，发现了受伤昏迷的解放军排长方铁军，方铁军生命垂危，急需喝水，可是山上没有水，英嫂急中生智，把自己的乳汁喂给方铁军，救活了他。面对敌人的围追堵截，英嫂机智地将方铁军藏在山洞里，每天送汤送饭，冒死与搜捕的敌人展开周旋。军民团结战斗，最终歼灭了敌人。

《沂蒙颂》又是一部歌颂军民鱼水情的优秀舞剧，不但在舞蹈编排上有突出的创新表现，而且音乐优美，旋律动人，情深意长。它以委婉、深沉、细腻而又有张有弛的情感抒发，将英嫂这个普通农家妇女正直善良的内心世界和情绪波澜进行了淋漓尽致的表现。剧中由《沂蒙山小调》衍化而来的主题曲《愿亲人早日养好伤》原本只是作为舞剧音乐创作，后来常被叫作《我为亲人熬鸡汤》，或干脆用舞剧的名字《沂蒙颂》，传唱至今。此后的几十年里，这部永不褪色的经典芭蕾舞剧感动了一代又一代观众。

芭蕾舞剧《沂蒙颂》剧照

《沂蒙颂》歌颂了红嫂善良的品质、对正义的追求和无私奉献的精神，激励着沂蒙人民凝聚力量、薪火相传。新时代，以戚洪桂、于爱梅、朱呈镕为代表的沂蒙新红嫂继承和发扬了沂蒙红嫂的光荣传统，以其爱党爱军、无私奉献的高尚品质，不忘初心、奋发有为的时代风骨，为沂蒙妇女树起一面光辉的旗帜，让红嫂精神、沂蒙精神在这片土地上历久弥新、发扬光大。

思考题

1. 作为新时代的大学生，我们怎样才能向身边的人讲好沂蒙红嫂的故事、传承好沂蒙精神？

2. 请结合实际生活，谈谈红嫂精神的时代价值与现实意义。

14

《跟着共产党走》歌曲由来

扫码听故事

《跟着共产党走》歌曲由沙洪作词、王久鸣作曲，一经创作出就在沂蒙抗日根据地乃至全国广为传唱，时至今日我们依然能感受到这首歌曲带给我们的坚定力量和必胜信念。2021 年是中国共产党成立 100 周年，让我们追随《跟着共产党走》这激昂的旋律，重温它创作背后的故事。

1940 年，在沂南县孙祖镇东高庄村，一首铿锵有力、鼓舞人心的经典革命歌曲诞生了，它的名字是《跟着共产党走》（原名《你是灯塔》），歌曲的词作者是沙洪、曲作者是王久鸣，歌曲一经创作出就在沂蒙抗日根据地乃至全国广为传唱。

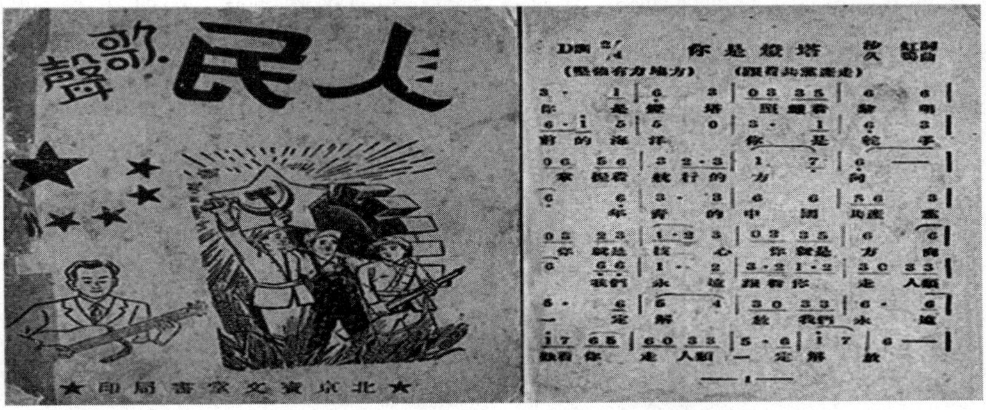

《你是灯塔》最早发表在《人民歌声》杂志上

歌曲诞生传奇之路

1940 年 6 月，抗日军政大学第一分校从晋东南克服重重阻力迁至山东沂蒙山区，中共山东分局特意委托驻在沂南县孙祖镇东高庄村的抗日军政大学第一分校创作一首歌曲，歌颂中国共产党，希望能为建党 19 周年献上一份贺礼。抗大一分校文工团欣然接受了这项艰巨的任务，时任文工团副主任的作曲家王久鸣成为这首歌曲的创作主力。

词曲作者沙洪（左）、王久鸣合影

王久鸣接到任务后立即在全团成员面前承诺说：“只要有人把歌词写出来，我就竭尽全力进行创作！”他还进一步爽快地表示：“如果有人在 10 分钟内能写出歌词，那么我 10 分钟也能把它谱成歌曲。”

只见人群中一个年轻的小伙子立即站了出来，他就是校政治部宣传科宣传干事沙洪，沙洪爽快地说：“只要有人能在 10 分钟内谱成曲，我也一定能在 10 分钟内作完词。”王久鸣痛快地回应道：“他用多长时间写词，我就用多长时间谱曲。”二人在文工团领导的安排下开始了一场别开生面的比赛。

在东高庄村看护庄稼的窝棚旁，两位文艺战士开始了一场才艺大比拼创作。只见沙洪准备好创作工具席地而坐，将纸迅速铺在自己的膝盖上，稍加思索后就写了起来。不足 10 分钟，沙洪完成了自己的创作。当他把歌词交给王久鸣时，王久鸣音乐创作的火花立马就被点燃了。他一边哼唱一边构思起来，没过几分钟便听见笔尖沙沙的声音，曲谱也很快地完成，曲谱整个创作用时也是 10 分钟。二人共同创造了经典抗战歌曲《跟着共产党走》创作的传奇 20 分钟。

有深意的词曲创作

在《跟着共产党走》的歌词中，沙洪用“灯塔”“舵手”这些形象的比喻，将党在革命中的作用表达得淋漓尽致，他用歌曲赞颂中国共产党指引着人们走向胜利的方向。这也正是当时整个抗日形势的真实写照。有人问沙洪：“这首歌的歌词你是怎样在10分钟内写出来的?”他斩钉截铁地回答，这首歌“是从大家伙儿的心中迸发出来的”，也是“从我心中迸发出来的”。

为什么如此回答呢？因为作为一个年轻的八路军宣传战士，沙洪亲眼看到一幕幕让人泪目的场景：善良的乡亲们推着小推车冒着枪林弹雨支援前线；他们宁愿自己苦点累点，也要把自己仅有的干粮送给伤员吃，把自己的热炕让给伤员睡。人民群众坚定跟党走的信念早已深深地烙在他的心中。正是因为他处处留心，善于体会群众疾苦，才会创作出这样震撼心灵的作品。这首歌曲真正做到了反映人民心声，带给人民前行的力量。

王久鸣出生于上海，毕业于延安鲁艺音乐系，接受过专门的音乐教育，1938年4月加入中国共产党，1939年任抗大一分校文工团副主任。他创作这首经典曲目时年仅22岁，却以独特的创作才华让这首歌曲走进无数人心中。

《跟着共产党走》词曲创作富有深意、形象鲜明，引起了广大人民群众和社会各阶层人士的共鸣，唱出了广大抗日军民跟着共产党走的坚定信念，唱出了党和人民生死与共、水乳交融的真情，是广大人民群众共同心声的高度凝练。

经典永流传

《跟着共产党走》这首歌完成创作后，文工团开展试唱，各级领导对歌曲十分满意，终于成功献礼抗大一分校党代会和建党19周年纪念会，之后这首歌曲被教唱给当天出席会议的全体同志。这首歌生动诠释了军民鱼水深情，点燃了人民走向胜利的曙光。

之后，在各抗日根据地和解放区，甚至在敌占区乃至全中国都回荡着这首经典歌曲的旋律。新中国成立后，歌曲正式改名为《跟着共产党走》。

2001年7月1日，中国共产党建党80周年之际，中共临沂市委、临沂市人民政府在沂南县孙祖镇东高庄村隆重举行了《跟着共产党走》歌曲诞生地纪念碑揭碑仪式。

词作者沙洪于2004年1月21日逝世，他的遗愿是将部分骨灰安葬在歌曲诞生地，这也显示出沙洪那难以割舍的山东情、沂蒙情。这是一位有情有义的老党员对党心怀感恩、对人民深藏情谊的充分表达。

《跟着共产党走》歌曲诞生地纪念碑

今天，东高庄村已成为当地知名的红色教育基地。人们来到这里唱响《跟着共产党走》以缅怀英烈，致敬这首经典红色歌曲的词曲作者，感谢他们在艰苦卓绝的战争年代，为人们创作出如此激励人心的经典作品。

思考题

1. 《跟着共产党走》歌曲诞生的传奇之路是什么？
2. 《跟着共产党走》这首歌曲的词曲创作有何深意？

15

毁家纾难的王自生

扫码听故事

在艰苦卓绝的革命战争年代，中国共产党发动和依靠人民群众赢得了战争的最终胜利，广大人民群众特别是“沂蒙红嫂”在这场伟大的革命战争中，为了民族的独立和解放，为了新中国的诞生，作出了不可磨灭的历史贡献。提起沂蒙红嫂王自生，往往就跟“毁家纾难”这一成语联系在一起。这位可歌可泣的沂蒙红嫂值得我们去了解，去怀念。

与丈夫马星阶相遇

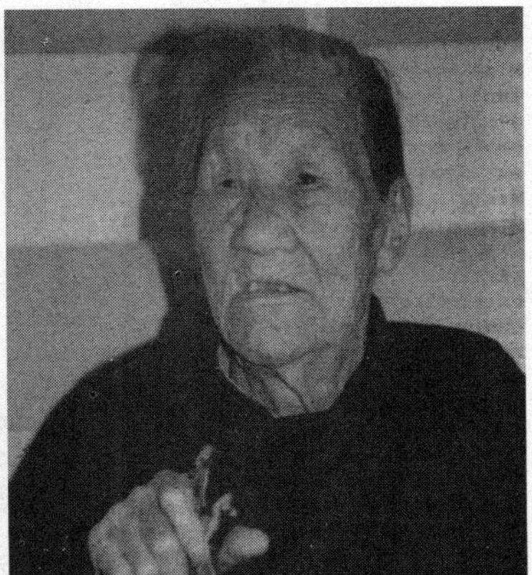
王自生（1908—1997）

王自生1908年出生于沂南县砖埠镇沙沟村一个贫困家庭。由于生活饥寒交迫，她的父母别无选择，只能把姐妹4人送给别人家当童养媳，其中大姐因此上吊自杀，家里的小弟则在母亲怀里活活饿死。

王自生14岁起就给人当童养媳，婆家对她百般虐待，几个月后她便逃回家中，在村里一个有钱人家里当丫鬟，17岁时嫁给葛沟二村的马星阶。她丈夫虽然是地主后代，但老实踏实，公正勤勉，先是在外教书，后来到葛沟街开了一家药铺，救死扶伤。婚后他们互相尊重，非常恩爱。

加入中国共产党

1926年，葛沟街来了一对年龄在30岁上下的外地夫妇，男的叫宋喜来，曾是黄埔军校的进步学生，因遭到国民党反动派追杀，逃到沂蒙山区避难，后因妻子30多岁尚未怀孕，找到马星阶。经过马星阶的治疗，他的妻子生下了一个男孩。治疗期间，宋喜来向马星阶、王自生宣传了许多革命思想，并成为他们在革命道路上的向导。1939年，在宋喜来的介绍下，马星阶和他同村的朋友陈金林来到岸堤加入了中国共产党。

不久之后，八路军到达葛沟。因为总有八路军住在王自生的家里，在他们的宣传教育和丈夫的指导下，她也自愿加入了党组织。她入党后的第一项重要任务是动员并介绍另外两名积极分子入党。起初，党组织和八路军举行群众会议，有些人不敢参加，王自生就逐一找到这些人做工作，宣传共产党和八路军都是为老百姓谋幸福，后来参加会议的人越来越多，广大群众逐渐被动员起来。

失去亲生女儿

1939年11月，马星阶当选区参议长，王自生当选沂水十区妇救会会长。选举的第二天，王自生应邀参加青抗会时，突然有人喊“日军飞机来了”，开会的人都往外跑，王自生被挤在人群中，怀里的孩子也被挤落到地上，被人踩得奄奄一息，虽然丈夫全力抢救，但孩子还是去世了。

勇挑革命重任

后来，马星阶担任工作团团长。王自生在做自己工作的同时，还支持和配合丈夫的工作。工作团中有数百支枪，这些枪经常存放在她的家中。每当这个时候，王自生都在家里守护这些枪。枪被同志们拿走后，她就负责保管枪条子。不管有多少枪，不管多长时间，她保管的枪从未出错。

王自生还帮助马星阶在葛沟及周边村庄动员组建了一支叫作“二支队”的武装力量。这些队员年龄都很小，大的只有十六七岁，小的才十三四岁。在动员和组织这支队伍的过程中，王自生遇到了很多困难。那时候，有些人的觉悟还不是很高，每当有年轻人被动员参军时，他的父母往往视王自生为“敌人”。一些人直接来找她要孩子，声称绝不会让自己的孩子参加。为了表达自己的态度，她把15岁的女儿马佃梅送到了八路军队伍。在她的组织下，队伍终于成立了。后来，这支队伍并入八路军，组建了一个连。不幸的是，1940年，马佃梅在沂南县岸堤牺牲。

两次遭受洗劫，忍辱负重抚养革命后代

沂临边联县建立后，王自生家曾住过许多县领导。冬天他们没有棉衣，王自生东拼西凑地给他们每人做了一身。年底，沂临边联县妇救会会长王寅生下了一个名叫“茂林”的女孩，由于没有时间照顾孩子，她把小茂林托付给了王自生。从那时起，王自生一边忙着工作一边精心地照顾王寅的孩子。马星阶、王自生等人的革命活动给葛沟地区的穷苦人民带来了希望，自然他们也成了敌人的眼中钉、肉中刺。1940年的一天，马星阶去河西办事，王自生也提高了警觉，假装带孩子去看医生。她走后不久，汉奸就闯进她的房子，砸烂门窗，抢光食物，把她家洗劫一空。

这年，日军在葛沟地区建立据点后，他们威胁说，只要有人抓住马星阶一家人，就会按一两肉四张金票给他现金。王自生的家又一次被日军洗劫，连房子也被日军拆掉去修炮楼。虽然逃脱了敌人的毒手，王自生却被迫颠沛流离，离乡背井。虽然没有地方住，但她从未放弃王寅的孩子小茂林。她带着孩子到处躲藏，后来，她抱着孩子找到表婶，跪下来磕头，请求表婶临时收养孩子。虽然表婶害怕被牵扯进来，但最后表婶被她的真情感动，答应收养孩子。但是不久后，小茂林在敌人的“扫荡”中不幸去世，王自生悲痛万分，后悔不已。

强忍丧夫之痛，侦察敌情，锄奸灭匪

1941年春节过后，马星阶被捕。汉奸把马星阶带到临沂城，拿他向日本人要钱。随后日军对马星阶采取威逼利诱各种手段，但他始终没有透露党的秘密。王自生为

了救丈夫，卖掉了自己的所有家当，但最后丈夫还是被日军凶残地杀害了。

此后王自生的生活更加艰难，还好有八路军和沂临边联县的人帮助她，让她更加坚定跟党走的信念。由于王自生对葛沟地区的情况比较熟悉，沂临边联县领导经常让她晚上回去摸查情况。一天深夜，她独自一人走进了沙沟村，一走进巷子，就模模糊糊地看到几个人影出现在面前。她躲在黑暗的角落里，看到了一个姓付的汉奸头子，这个人曾经活埋了许多八路军和共产党人，犯下的罪行罄竹难书。看到汉奸头子已经进了屋，她迅速返回向县领导报告了这一重要情况。领导立即派刘朝奇和王自生去执行处决汉奸头子的任务。王自生不顾辛劳，连夜跑了 30 里路，在鸡叫的时候带着刘朝奇赶到了沙沟村。在汉奸家门前，刘朝奇安排王自生守在院子外面，自己则拿着枪跳进院子里。过了一会儿，几声枪响，那个汉奸的脑袋被打开了花。处决了大汉奸，平息了民愤，震慑了汉奸的气焰。王自生受到了上级的表扬。

后来，受王寅的嘱托，王自生又独自抚养了王寅的第二个孩子小文，虽然自己生活贫苦，但是为了不辜负王寅的信任和弥补对小茂林的愧疚，她还是把小文留在自己身边细心照顾，度过了抗日战争和解放战争，直到新中国成立后，小文才被王寅接走。

1992 年 3 月，王自生被山东省妇联、山东省民政厅、山东省军区政治部评为“山东红嫂”，同时被授予全国三八红旗手荣誉称号。

思考题

1. “毁家纾难”是什么意思?

2. 在根据地建设的各项工作中，红嫂们一马当先，走在前面。为什么用“毁家纾难”来形容沂蒙红嫂王自生?

16

女子火线桥

扫码听故事

火线桥的故事发生在1947年5月孟良崮大战前夕，时任沂南县艾山乡妇救会会长的李桂芳接到上级指示，要求她在五个小时内组织群众在汶河上架设一座桥。由于当时的男劳力都跟随部队支前去了，再加上架桥的条件有限，时间紧迫，所以李桂芳组织了32个妇女用门板当桥面，用身体当桥墩架了一座人桥，这座人桥顺利保证了战士们跨过汶河，奔向孟良崮战场。

战争年代，在沂蒙大地上，妇女们用自己的力量默默地付出，她们为了祖国解放和民族独立无私地奉献一切，有的甚至付出了血和生命的代价，李桂芳和架火线桥的妇女们就是这样一个英雄群体。

李桂芳（1925—2017），出生在山东沂南岸堤一个贫穷的农民家庭，曾任沂蒙老区妇救会会长，是孟良崮战役的支前拥军模范。1940年4月参加工作，1945年3月加入中国共产党，1990年12月离休。

她当过童养媳，后来又在一个地主家看孩子，地主待她不好，经常打骂她。1938年“动委会”（即抗日动员工作委员会）入住她所在的村，她时常带着地主家的孩子去“动委会”玩。地主为了防止她接近“动委会”，就经常吓唬她。但李桂芳是一个聪明的孩子，并没有被地主唬住，反而经过与“动委会”的接触，逐渐了解了共产党，明白了革命道理，走上了革命道路。

在革命战争年代，李桂芳做过很多工作，比如组织妇女做军衣，当过识字班队长，在军工厂当过工人，在野战医院当过护理员，还曾在药材所担任配药员等。

1939 年春天，她开始学习文化知识和革命道理，同年，14 岁的她被选为村妇救会会长。这期间，她积极工作，动员广大妇女学习文化知识，了解革命道理。

1940 年，李桂芳正式参军，成为一名八路军战士，由于年龄小，被安排从事后勤工作。她所在的单位是山东被服厂，主要为军队提供衣服鞋袜等物资，有时候也会为军队提供食品。李桂芳工作非常积极，为了做好工作，她不辞辛苦地走访了周围的几十个村子，发动群众为军队缝军衣、做军鞋，磨面、烙煎饼等。有时候还需要把收集的物资运送给部队，这并不是一件简单的工作，因为当时男劳力主要跟随部队支前去了，各个村剩下运送物资的主要是妇女，能够使用的工具也不多，而且还需要躲过日军的封锁线。

1941 年，上级党组织安排李桂芳到八路军山东纵队第二野战医院当护理员。1942 年，因为表现突出，李桂芳作为后备干部被选调到山东青年学校学习，后被分配到山东纵队药材所工作。当时药材所条件非常差，缺很多药材，李桂芳就经常和其他人一起出去采药，然后把药材晒干，或者磨成粉，及时配好交给医院。

李桂芳有个外号叫李大胆，这个外号是怎么来的？原来这和发生在抗日战争时期的一件事有关。当时李桂芳在医院工作，医院为了保护战士的遗体，经常把这些遗体安置在一个秘密的地方。有一次，领导找到李桂芳，问她愿不愿意去拔麻村看守战士遗体，小小年纪的她竟然毫不犹豫，一口答应下来。看守地点在一个看瓜屋子里，她孤身一人和战士遗体一起，因为怕被日军发现，夜里也不点灯，这样的情形下，有时候她也难免害怕。害怕的时候，她就想：这些战士都是烈士，都是为了保卫国家、为了赶走日本侵略者、为了保护老百姓才牺牲的，他们都是好人，我应该看护好他们的遗体。想到这些她就不害怕了，胆子变得大起来。

前两个夜里相对安稳，没有事情发生，在第三个夜里她遇到了危险。当天夜里，突然电闪雷鸣，下起了大雨，借着外面闪电的光，李桂芳看到门外有两只既像是狼，又像是狗的动物。经过仔细观察，她发现是两只狼。她猜测这两只狼可能是闻到战士尸体散发的气味来的。一定要保护好牺牲同志的遗体，怎么办？她想到了一个办法，就是把床横过来，挡在门口。为了防止狼进攻，她坐在床边，紧紧抱住床腿，用力顶住门不让狼进来，就这样一夜未合眼，和狼对峙了一夜，直到清晨天亮狼才离开。这件事后，大家就送给她一个绰号“李大胆”。而李桂芳以后一系列的举动也使“李大胆”的名字在周围四里八乡传开了。

1944 年 1 月，李桂芳被选为艾山乡妇救会会长。1947 年孟良崮战役期间，李桂芳参加支援战役的工作。

架火线桥的故事就发生在孟良崮战役中。大战前夕，村里男人跟随部队支援前线去了，为了安全，老人和孩子也全部转移出村了，只剩下李桂芳和一些妇女干部在村里留守，等待上级指示开展各种支援工作。一天，联络员王纪明跑步前来联系李桂芳，通知她部队需要过河，要在 5 小时内，在崔家庄和万粮庄之间的汶河上搭一座桥，保障作战部队通过。汶河水面宽约 20 米，急流暗涌，虽然已是 5 月，但河水仍很凉。在这短短的 5 小时内，在既缺乏专业技术人员，又缺乏架桥材料和男劳力的情况下，怎么建桥？最终妇女干部想出了一个用门板搭桥、用肩扛当桥墩的方法。随后，李桂芳就带领女干部去附近各个村联络架桥人员，同时也积极寻找门板。

天黑后不久，联络到的妇女们陆续来到河边，她们一共是 32 个人，带来了 7 扇门板。为了在最短时间内把桥建起来，李桂芳做了一番动员讲话。讲完话后，她问：“大伙儿有没有决心？”大伙儿齐声回答：“有！”她又问：“能不能完成任务？”大伙儿说：“能！”随后，李桂芳让大家先在河边等着，自己先下到河里了解河床的情况。上岸以后，她把身高差不多的排成一队，每 4 个人扛一扇门板，把架桥的队伍从前到后依次排列起来，组成了一座人桥。为了检验桥的质量，她让队伍移到河里，自己又在桥上反复走了好几遍，确定没有问题后，才让妇女们回到河边，等待队伍到来。

5 月 12 日晚上 9 时许，一支部队朝大河急进，后面的大部队也一路小跑继续开来。看到先头部队到来后，李桂芳大喊一声“架桥”，随后率先跳入河中，其他 30 多名妇女也迅速行动，跳入冰冷的齐腰深的汶河中，她们 4 个人扛一扇门板，用血肉之躯搭起了一座人桥。看到这种情况后，战士们不忍上桥。一位部队领导说：我们不能踩着妇女同志的肩膀过河，我们还是蹚水过河吧。听领导这么一说，李桂芳急了，喊道：“同志们，这是什么时候，关键时刻，时间就是保证，时间就是胜利，不能耽误了战机，都什么时候了还讲究这个，快过桥……”经过李桂芳的恳切说明和要求，部队战士才开始从这座“人桥”上通过。上桥之前，部队领导朝战士们喊道：“同志们！前边是妇女同志们搭的人桥，她们用实际行动支援、关心、爱护我们的部队，我们要狠狠地打击敌人，不获全胜绝不后退，我们要轻踩、慢跑，走当中!”

架桥的妇女站在河中，她们像32座坚固的桥墩，牢牢扎在那里。32名杰出女性，她们咬紧牙关挺着，双脚紧紧地站在河底，肩膀压疼了，就用背驮，即使双腿抽筋，全身疼痛酸麻，身体从肩膀到脊梁都没有了感觉，也没喊叫一声。就这样在冰冷的河水中，她们坚持了一个多小时，顺利保证了一个团的战士在这座人桥上通过。这就是被广为称赞的“女子火线桥”。这些架桥的妇女，有的为此落下终身残疾，还有的丧失了生育能力……

后来，部队首长和战士们知道了这件事无不为之深深地感动。当年，一名战士在一个火柴盒上记下了李桂芳和另一位人桥组织者刘曰梅的名字。战役结束后，孟良崮一带的岩石上、峭壁上到处写着“李桂芳”和“刘曰梅”的名字，后人才知道参加架桥的有谁，但更多人的名字我们却无从知晓。

新中国成立后，李桂芳先后担任沂南县妇联主任、副县长，沂水县副县长、妇联主任、统战部部长，莒南县统战部部长、县人大常委会副主任，临沂地区民政局副局长（正县级），享受副厅级医疗待遇，于1990年12月离休。2015年9月3日，她参加了抗战胜利70周年大阅兵。架火线桥的李桂芳和其他30多名妇女，她们是千千万万个沂蒙根据地妇女的典型代表，是沂蒙精神的创造者，在共和国的历史上，写下了光辉的一页。

思考题

1. 危急关头，搭建火线桥的组织者是谁?
2. 搭建火线桥的32名妇女的伟大之处在哪里?

17

“拥军妈妈”胡玉萍

扫码听故事

“一天不为党奉献，饭菜再香难下咽；十天不为党奉献，思想灵魂半瘫痪；天天为党做奉献，年年为党做奉献。永为党旗增鲜艳，共产主义早实现。”革命战争年代，她捐粮捐房；和平建设时期，她养猪拥军、照顾五保户，她用一生谱写了一首无私奉献的赞歌……

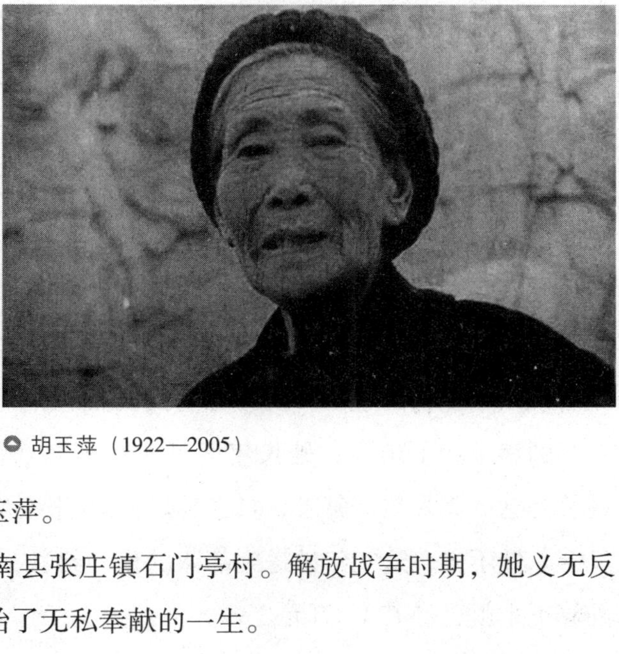

胡玉萍（1922—2005）

从懵懂之时到垂暮之年，这个经历过革命战争年代的女人，目睹过祖国神圣的土地被铁蹄践踏，目睹过无辜百姓惨遭屠戮，她虽是柔弱女子，却始终一颗红心迎朝阳。她做了一件事，却用了一生之久，爱国拥军至死不渝是她一生的写照，人们永远不会忘记她，历史也不会忘记她，她就是我们的爱国拥军好妈妈——胡玉萍。

1922 年，胡玉萍出生在山东沂南县张庄镇石门亭村。解放战争时期，她义无反顾地加入沂蒙山区的革命队伍，开始了无私奉献的一生。

为战士们缝补衣服，缝纳军鞋，烧饭送粮是最平常的事。为了使受伤的战士得到充足的休息，胡玉萍甚至在结婚第二天就把自己的婚房让给受伤的解放军战士住，自己则睡在破旧的柴草房里；坐月子的时候，别人送的鸡蛋、老母鸡，她统统省下来留给受伤的伤员补养身体。她时时刻刻坚信，只要全国人民拧成一股绳，就会迎来最后的胜利。所以她选择送自己的弟弟上前线，送自己的儿子到部队。

1965 年，胡玉萍如愿以偿成为一名光荣的中国共产党党员。这之后，她更是以雷锋同志为榜样，处处争先，照顾烈军属、五保户，一心扑在集体事业上。

1978 年，胡玉萍的儿子从部队转业到抚顺。胡玉萍也来到了抚顺，虽然年事已高，又远离家乡，但胡玉萍没有停止拥军的脚步。多年来，她靠着双脚跑遍了抚顺市里所有的驻军单位所在地，就连地势险要的海拔 1000 多米的 205 高山哨所她也一步一步地爬上去。她坚持每年去给战士们作报告、讲革命传统，部队战士们也因此都亲切地称她为连队的“编外指导员”。

为了能让部队里的小战士健康成长，她决定无偿地为部队养猪。1995 年开春，辽河最大的支流浑河两岸上的杨柳刚刚有一丝泛绿，胡玉萍就忙碌了起来，养猪、备饲料、修猪圈、买小猪崽，每件事都亲力亲为。为了让养的 50 头猪能快速长肉，她早起晚归去野地里割猪草，在鸡场的水池里捞鸡杂、捡鸡皮。她不畏艰辛、日复一日地做着每天七八个来回的养猪工作。即使有时候被猪拱倒，她也不舍得打猪一下，因为在她心里，这些是支援部队的营养品。每逢元旦、春节等节日，她就把成猪运送到部队。多年来，她给部队无偿送去了 80 余头猪。她常挂在嘴边的一句话：我这点累不算啥，让战士们养好身体才能更好地保卫国家，我也算尽了一份力，无怨无悔。

有一年春节，她听说顺城区西戈敬老院里面的老军烈属们没有电视机，看不了春节晚会，就掏出自己积攒的钱买了台 22 英寸的彩色电视机给他们送了过去；后来又听说一个受伤的退伍兵因为住房问题发愁，就毅然把西戈联社给她分的一套二室一厅的房子让了出去；她长年照顾 8 户烈属，帮他们干家务活、送药、请医生等。她总是这么无私地奉献着，自己却住在 10 平方米的斗室里，衣服也是缝缝补补穿了又穿。殊不知，这些年她送到部队的猪、给新兵买的书、为国家捐的款，有据可查的算下来就已经有 11 万元之多。

2005 年 9 月 27 日，83 岁的胡玉萍去世。按照胡妈妈的遗愿，她的骨灰被运回山东老家，落叶归根。2007 年 8 月 20 日，在北京人民大会堂重庆厅隆重举行的《感谢人民——激励军营 80 年》十大爱国拥军新闻人物评选揭晓颁奖仪式上，已故的胡玉萍荣获十大爱国拥军新闻人物特别奖。

思考题

1. 拥军妈妈胡玉萍一生勤俭节约，却积极捐款捐物帮助他人，你怎么看这种行为？

2. 新时代，作为一名青年人，你觉得该如何爱党拥军？

18

“永远的新娘”李凤兰

扫码听故事

在沂蒙红嫂这个英雄群体中，有一位姑娘，“洞房花烛，抱鸡拜堂，一爱天荒地老，一生只当新娘”。这生动地诠释了她从豆蔻年华到两鬓染霜的绵绵守望……

李凤兰（1928—2008）

蒙山高，沂水长，在沂蒙这片热土上，活跃着一个伟大的女性群体——她们送子参军、送夫支前，缝军衣、做军鞋、筹军粮……表现出水乳交融的军民鱼水情——她们，就是沂蒙红嫂。她们，淳朴亲切，为了中国革命奉献了无私和无畏的爱。在这样一个英雄群体中，有一位特殊的姑娘，她终生为人妻，可从未与丈夫见过一面。为了牺牲的丈夫，终生守候，无怨无悔。她就是模范烈属——李凤兰。

李凤兰，1928 年出生于蒙阴县李家保德村一个贫穷农民的家庭里。16 岁那年，由于向往革命，参加了妇女识字班。在那里，她积极学习文化知识，追求上进，被大家推选为识字班的指导员。

1945 年她 17 岁，父母为她和一个叫王玉德的小东关村人定下了终身大事。结婚之前，她并不知道这个叫王玉德的人是何脾气秉性，甚至连高矮胖瘦都不知道，她所能知道的全部信息就是王玉德的父亲已经去世，母亲身体不好，还有一个嫂嫂和兄弟。定亲的第二年，两家约定 10 月完婚，在喜悦和惶恐的交织中，李凤兰一天天地等待着嫁过去的日子。

7 月的一天，王家来人说，王玉德已经报名参加了解放军，也正是这个突发的变故，改变了李凤兰一生的人生轨迹和命运。眼看婚期一天天临近，可一直没有王玉德的音信。李凤兰的父母也劝过自己的闺女，放弃这门婚事，“出去当兵，枪子不长眼，万一有个好歹，你以后该怎么办”，但最终李凤兰还是决定嫁过去。她说，自己的丈夫是参军杀敌，是在保家卫国，是在做一件很英雄的事，为了安慰婆母的心，照顾好老人，让他在战场上没有后顾之忧，她也必须嫁到婆家。

电影《沂蒙六姐妹》中新娘与公鸡拜堂的场景

锣鼓不停地响，鞭炮不停地放，结婚这天热闹极了，可新郎并没有回来。按照当地的风俗，她的嫂子怀抱公鸡陪李凤兰拜了堂，成了亲。新婚之夜，整个院子安静极了，安静的甚至只能听到打鼾的声音，可是李凤兰心里却是翻江倒海，她望着床头上不熄的长明灯，想着此时的丈夫在哪个地方？在干什么？他知道今天是他俩大喜的日子吗？和她一样无眠吗？就这样，李凤兰在无数个问题中度过了新婚之夜。在往后的无数个日日夜夜里，她都这样想，想着有一天可以见到自己的丈夫。

成亲以后，她在婆婆家细心侍候，操持家务，支援前线。部队过来时，她就帮着给战士们做军鞋。每天完成上交的军鞋任务后，李凤兰还格外倾注感情，一针一线地为自己的丈夫缝制一双黑帮红里子的军鞋，为了这双鞋，她将结婚时娘家给的红巾剪成了鞋里。可是这双鞋子只做好一只的时候，嫂子说，“小叔子走的时候，还是个半大孩子，你现在把鞋做好，到时候肯定穿不上了”，李凤兰觉得在理，于是便停下手里做鞋的活。

1947 年农历正月的一天，娘家捎信过来说，让她回去住几天，当时的李凤兰并没有多想，就简单收拾了一下，回了娘家。可是回娘家的第三天，婆家就来人说，自己的丈夫回来了，让她赶紧回去见个面。听到自己的丈夫回来的消息，李凤兰难掩激动的心情，用尽了全身的力气，使劲地往回跑。山路坎坷，一路上不知道跌倒了多少次，摔破了多少地方，可她丝毫不在乎，只希望快点见到自己的丈夫，问问他吃饭了没有，是吃辣还是吃咸，是长住还是停留。

吱嘎一声，她推开了大门，上气不接下气地说着“俺回来了”。径直跑到自己的新房里，希望看到自己的丈夫，可是只看到了婆婆，她瞬间意识到，自己还是来晚了一步，她追着跑了出去，一直跑到很远的山坡上，希望能够看一眼自己的丈夫，哪怕是身影也好，可是终究还是错过了，丈夫已经走远。疲惫和失望让她一句话也说不出来，瘫坐在地上。回到家中，她只看到了丈夫留给自己的一封信，上面写着：“胜利了，俺和你再拜堂，战死了，那是光荣的事，你不用难过，速速改嫁！”这句话她记了一辈子。

1947 年 2 月，莱芜战役打响。这场战役付出了 6000 多人伤亡的代价，稳定了山东解放区的大局。但不幸的是，王玉德也在这场战役中牺牲了。李凤兰当时并没有得到消息，还是痴痴地等着自己丈夫回来的那一天。在等待的日子里，她一如既往地操持着家务，推磨轧碾；一如既往地做宣传、搞支前。日复一日，年复一年，她不停地劳作着，盼望着。她从一个纯真的姑娘变成一个贤惠的媳妇，从一个普通农民变成劳模、妇代会主任、县人大代表，可就是一直没有盼来丈夫的消息。

10 年后，1958 年的一天，她终于盼来了丈夫的消息，不是荣归故里，而是鲜红的烈士证书。那一夜，她哭到了天明，痛苦地昏睡了三天三夜。在之后的日子里，李凤兰很少再哭，而是将相思埋藏在心底，再也没有提起过。许多人都曾劝说她改嫁，她都拒绝了，为了让自己的丈夫后继有人，李凤兰先后收养了一子一女，并给一双儿女取名“光荣”和“胜利”！这是丈夫曾经留给她的信里说过的字。自从身边有了俩孩子，人们也渐渐改口不再叫她新媳妇了。

2008 年，80 岁的李凤兰老人安然去世。1992 年，山东省人民政府、山东省军区

授予她"山东红嫂"、山东省三八红旗手等荣誉称号，蒙阴县人民政府授予她"模范烈属"荣誉称号。

纷飞的炮火已成记忆，但吃苦耐劳、无私奉献的"沂蒙精神"，爱党爱军的"红嫂精神"，一定会在这一片沃土上薪火相传、生生不息。

思考题

1. 我们应该从李凤兰身上学习哪些品质？
2. 你如何看待李凤兰的终身守候，你觉得值得吗？

19

“革命的母亲”方兰亭

扫码听故事

在硝烟弥漫的战争岁月里，战斗在沂蒙这片红色热土上的妇女用自己特有的方式，做出了一个个惊天地、泣鬼神的英雄壮举，经受了血与火、生与死的严峻考验。“革命的母亲”方兰亭，用自己的行动展现了吃苦耐劳、无私奉献的优秀品质，展现了对党的忠诚、对子弟兵的真情。

在费县说起周大娘，可谓人尽皆知。周大娘，原名方兰亭，出生于1889年，原籍兰陵县月庄村。在她20岁时，同小岭乡东盘石沟村的周振苍结为夫妻。婚后不久，周振苍为了改变家里贫困的生活，于1925年独自一人去闯关东。1931年，东北地区被日军侵占，周振苍只得返回老家。在返回老家途中，周振苍认识了在小岭当教员的中共党员郭云舫。后来，他们又结识了西官庄的富户马瑞图。三人志同道合，遂成了好朋友。从此，方兰亭夫妇成为中共地下交通员，开始为马瑞图和郭云舫传递中共地下组织的文件。

方兰亭（1889—1964）

1933年夏，在郯城与临沂两县交界的苍山一带，临郯县委组织发起了苍山暴动。周振苍在接到上级通知后，立刻把女儿安顿好，带上干粮，领着妻子方兰亭，急匆匆向南山赶去。走到半路，方兰亭夫妇见有人神色紧张地向回跑，打听后才得知，暴动失败了，国民党在到处抓人，报信的人劝他们赶快藏起来。幸运的是，由于他们的身份没有暴露，最终躲过了敌人的抓捕。1938 年，方兰亭加入中国共产党，协助丈夫一起完成交通站的各项工作任务。

1939 年秋，临郯费峄四县边联县委交通员周振苍接到一个任务，要把一个重要情报送给大炉村的八路军第一一五师首长罗荣桓。周振苍谨慎地把情报塞进烟枪杆里，躲过敌人的岗哨盘查，顺利完成了任务。然而，他刚回到家，还没来得及喘息，几个日军就蛮横地闯了进来，把他拉到村前的一棵枣树旁，吊在上面毒打，逼他说出情报内容。周振苍被打得遍体鳞伤，血肉模糊。身上的白粗布褂子早已被血水染成了红色，但他还是什么也不说。日军恼羞成怒，便将他的头颅残忍割下，悬挂在村东门炮楼上，恐吓抗日群众。方兰亭见状，痛心疾首，悲愤交加！但她没有退缩，而是强忍着悲痛埋葬了丈夫，带着幼小的孩子离开了村庄，继续完成丈夫未竟的事业。

这年初冬，临郯费峄四县边联县委决定对石邦杰部武装进行整编，想找人劝说石邦杰（抗日战争时期，石邦杰组建了一支自己的队伍，虽然有一定势力，但跟着共产党干还是跟着国民党干，他还犹豫不决）加入抗日队伍。因为方兰亭曾经对石邦杰有恩，又是他的干娘，所以派方兰亭去劝说。方兰亭只身一人来到石邦杰处，让哨兵报告石邦杰。石邦杰听到报告后，赶紧跑到大门口去迎接。方兰亭一看见石邦杰，就当众质问他：“你做过对不起咱穷人的事吗？给我说说！”石邦杰看到干娘对自己如此“关心”，就立刻跪在地上认错。方兰亭看到石邦杰本质还是好的，就在他那里住了几天。方兰亭充分利用这一时机，对石邦杰动之以情，晓之以理。在方兰亭的极力劝说下，最终石邦杰率部众 300 余人加入了中国共产党领导的抗日队伍。

1939 年 12 月底的一天，临郯费峄四县边联县正在费县新庄乡官流庄召开群众抗战动员大会，而国民党费县县长李长胜竟然下令保安团对参会的抗日群众开枪射击。当场打死群众 6 名，打伤 20 多名，制造了震惊全国的“官流庄惨案”。闻讯后，各抗日团体纷纷组织请愿游行队伍，要求惩办杀人凶手李长胜。方兰亭立即走访各村慰问受害者家属，并组织带领他们到国民党第一一二师师部找师长霍守义喊冤告状。在浩浩荡荡的请愿队伍前面，她身穿丧服，怀抱受害孤儿，带领受害者家属围住了霍守义的司令部，跪在雪地里哀号呼叫。国民党士兵企图将群众驱散，方兰亭大义凛然，上前指着他们的鼻子痛斥："你们这些小杂羔！你们是哪里人？家里有没有爹娘？"国民党士兵被她劈头一顿骂，只得把枪收回。霍守义起初还躲起来不见群众，后来见事情闹大，只得将李长胜的县长职务撤掉，并答应抚恤死难者，请愿取得了胜利。

1940年，抗日战争进入最困难的时期。临郯费峄四县边联地区连遭灾荒，粮食颗粒无收，又加上日军、汉奸、国民党军队的烧杀掠夺，人民生活极端困苦。八路军战士也只能每天吃糠咽菜，大家个个面黄肌瘦、全身乏力，身为妇救会会长、民运科科长的方兰亭见此状心急如焚。自从丈夫牺牲后，她独自拉扯三个女儿生活。最小的女儿叫小兰，当时已5岁。八路军第一一五师后方司令部的一个班住在她家里，每次看到战士们打仗回来只能吃糠咽菜时，方兰亭心里就非常难受。可是，到哪里去弄粮食呢？无奈之下，她想到了自己的亲骨肉。为了换十斤谷子，她偷偷把小兰卖给一户人家当童养媳。当天夜里，她就把谷子用磨碾碎，掺点糠菜烙成了煎饼。次日早晨，战士们手捧煎饼，大口大口地吃起来，并问方兰亭说："大娘，你从哪里弄来的粮食？"方兰亭强笑着说："多嘴多舌，大娘出去借的，下来谷子还他就是。"可是这一天，战士们一直没有看到平日里活泼可爱的小兰。战士们正在焦急纳闷，部队首长来了。原来首长早已经知道了这件事情，派人调查后，向战士们说了实情。得知事情的真相后，战士们扑通一声跪在方兰亭面前，齐声喊"娘"，然后纷纷拿出自己身上不多的津贴，凑在一起，托人把小兰赎了回来。从此，战士们都称她为"革命的母亲"，觉得她比自己的亲娘还亲。

1947年，国民党军重点进攻山东。方兰亭奉命带领家属队北撤渤海区。组织上给方兰亭配备了一匹马乘骑、一头驴驮行李。她们途经蒙阴县瓦店时没有粮食了，小孩饿得哇哇直哭，方兰亭果断地下令杀马给全队吃，自己则靠着一双小脚赶路。到了黄河岸边，前有黄河拦路，后有国民党军队追赶，情况十分危急。全队老老少少、妇女儿童共200多人，都眼巴巴瞅着方兰亭，不知该如何是好。上午时分，一条小船停靠在岸边，声称奉命接方会长全家过河。方兰亭非常生气，说："我不上船，我不能光顾自己。要走，我和他们一起走！"来人无奈，只好回去复命。第二天清晨，方兰亭听说附近有一个渡口，有部队正在过河。她立刻带着两个女儿，走在雨后湿滑的路面上，着急地先去打听消息。

该部队负责人是王墨山，方兰亭和王墨山都是鲁南干部，两人非常熟悉。此时王墨山正忙得团团转，见方兰亭领着两个孩子来了，焦急地说：“我的娘哎！你怎么还待在这里？我快把你和孩子送过去！”说着就命令战士摇过一条船来。这时赶上来的家属队的人拉着方兰亭，不停地哭喊，生怕自己被丢下不管。方兰亭激动地说：“乡亲们放心！等你们都过去了，我们娘儿三个再上船！”转过脸来，她又郑重地对王墨山说：“这些人都是我从鲁南带来的家属。不把她们先送过去，我是不会上船的！”王墨山听了方兰亭的这番话后，立即动员部队说：“人民子弟兵是保护人民的。我们宁可做出牺牲，也要保证群众过河！”终于，在部队战士的帮助下，200 多名群众安全渡过了黄河。

1948 年夏，从渤海回费县后，方兰亭来到费县实业科（现供销社）工作。她曾因动员参军荣立一等功、收军鞋支前荣立三等功，并多次受到表彰和奖励。方兰亭于 1964 年病逝，被安葬在费县烈士陵园内，受到后人永远的缅怀和纪念。

思考题

1. 从方兰亭的事迹中，你最深的体会是什么？

2. 结合自身实际，谈谈应如何弘扬和践行沂蒙精神？

20

“孤胆英雄”刘光荣

扫码听故事

刘光荣，1925 年出生在费县小义山埠村，1946 年 11 月初，在攻打安丘城的战斗中不幸被流弹击中，光荣牺牲，因其作战勇猛，生前曾被所在军区授予“孤胆英雄”“爆破英雄”称号。

1925 年，在山东省费县一个叫小义山埠村的小村庄里，一名男婴呱呱坠地，父亲在他出生前两个月就被疾病和贫困夺走了生命。面对生活的磨难和家徒四壁的困境，母亲为了宽慰自己，并希望孩子能扎根活下去，便给孩子取了个乳名叫“扎根”，他就是后来大名鼎鼎的“孤胆英雄”刘光荣。

命运并没有过多地眷顾小扎根，6 岁的时候，母亲也撒手人寰，小扎根从此成了一名孤儿。为了像母亲希望的那样扎根活下去，他给地主家放过牛、做过苦力，过着饥寒交迫、朝不保夕的生活。一年又一年，17 岁的小扎根长成了一个小伙子，1942 年冬天，经人介绍，扎根参加了革命。因为他只有乳名没有大名，县大队指导员为其取名刘光荣，意指参加革命光荣，希望他能做出光荣的事迹。

1943 年秋，费东县大队将要选拔一批作战勇猛的战士补充到主力部队去。但是刘光荣个头瘦小，年龄又小，一开始并没有被选中，这可把他急坏了，他磨着连长强烈要求参加，部队首长见他态度坚决，意志坚定，便同意了他的要求，刘光荣成为鲁中军区第十一团一营一连的一名普通战士。他刻苦学习射击、刺杀、爆破等军事技能，练就了过硬的杀敌本领。在这年的12月3日，刘光荣所在的一营参加了东蒙山顶子争夺战，他作战勇猛，直面日伪军毫不退缩，近身肉搏拼刺刀，杀敌数人。

1944年3月8日，第十一团接到攻打蒙阴城作战任务，需要炸开城东门，他冒着敌人的炮火送上4个炸药包，成功完成爆破任务。在其后攻打临浯镇、沂水、白沙埠、周村、张店、文祖镇等战斗中，他更是出色地完成了60余次爆破任务。

1945年春，日伪军负隅顽抗、垂死挣扎，刘光荣所在部队接到攻打临浯镇的作战任务。临浯镇是日伪军一个重要的据点，易守难攻，是块硬骨头。6月17日傍晚，刘光荣所在一连于西北角发起攻势，但因为有炮楼居高临下和密集的火力封锁，我军攻击受阻，炸掉炮楼刻不容缓，但是爆破进行得并不顺利，我军连续牺牲了四名战士。刘光荣目睹战友的牺牲，热血上涌，他主动向指导员请战。在我方炮火的掩护下，刘光荣如离弦之箭，冲向炮楼。他胆大心细，身姿矫健，动作灵敏，面对敌人的疯狂扫射，他声东击西，调虎离山，用两颗手榴弹吸引开敌人的火力后，成功冲至炮楼前方，安放好炸药包、拉响导火索。在“轰隆隆”的漫天烟火中，敌人的炮楼被成功爆破，经过一夜鏖战，全歼伪军一个团的兵力，临浯镇被拿下。临浯镇的光复撕开了敌人防御体系的缺口，在随后展开的攻势下，我军势如破竹，北石岭上的特务营以及古城子一带的敌人最终也都缴械投降。刘光荣在这次战斗中经受住了战火的考验，当年加入了中国共产党。

1946年1月，刘光荣随一连和其他兄弟部队一起攻打博山外围敌据点。部队四面夹攻，一连从南面突入，敌人见据点不保，妄图夺路逃生，向一连所在阵地疯狂扑来。在与敌军展开的肉搏战中，他因个头小，没被放在眼里，敌人见冲上来的是个小战士，6个敌人一起包围了刘光荣，他临危不乱，眼疾手快，刺死三个，击毙一个，其余两个被震慑，乖乖缴械投降。战斗结束后，鉴于刘光荣的英勇表现，他被授予“战斗英雄”称号，并提升为班长。

1946年夏，部队接到命令，要攻占博山东部西坡地。这里驻扎着国民党第73师一个营的兵力，因为全部是美式装备，其号称“美式钢铁营”。西坡地地形复杂，东南方向建有一个岗哨名为“鳌子顶”，由一个加强排驻守，要攻下西坡地，就必须先拔下这颗钉子。刘光荣所在连的任务就是攻下“鳌子顶”。战斗从傍晚打响，临近黎明，仍未攻破。刘光荣找到排长左志庆主动请缨，要求炸掉这个碉堡，说完消失在晨雾中。几经侦察，他发现通过一条小沟可以绕到碉堡后边，向排长请战后，他只身一人冲上去，向碉堡里先扔了几颗手榴弹，“轰隆隆”，借着手榴弹的威力，他冲到碉堡里就是一顿机枪扫射，高喊“缴枪不杀”，敌人被打得晕头转向、失魂落魄，乖乖举手投降，我方缴获大量美式武器。鲁中军区鉴于刘光荣在战斗中表现突出，授予其“孤胆英雄”称号，根据其事迹所作的《刘光荣之歌》也被广泛传唱。

1946 年 11 月 5 日，部队接到命令，必须拿下由国民党胶济警备司令张天佐领兵据守的安丘城。刘光荣所在一营负责攻打北门，由于城防防御工事坚固，战斗打了一夜，急攻不下，唯一能通向北门的石桥，被敌人桥头堡、暗堡的火力严密封锁，连续上去几个爆破的战士都牺牲了。连队重新分配爆破任务，在“功劳炮”（缴获的日军的小炮）的掩护下，第一组成功炸掉了桥头堡，刘光荣率领的第二组负责爆破城门。刘光荣挺身而出，将一个重型炸药包送上去，北门被成功炸开，虽然他的头部被气浪炸伤，但仍咬紧牙关，带领全班继续战斗。就在这即将胜利的时刻，刘光荣突然被敌人射来的一颗流弹击中了头部，光荣牺牲，年仅 21 岁。

战斗结束后，鲁中军区追认刘光荣为“爆破英雄”，他生前所在的一连被命名为“安丘连”，他当班长的七班被命名为“刘光荣班”，《刘光荣之歌》后被定为“安丘连连歌”。刘光荣，这个来自沂蒙的战斗英雄，他的名字和他的英勇事迹，像一面鲜红的旗帜，永远飘扬在中华大地上。

思考题

1. 刘光荣之所以获得“孤胆英雄”“爆破英雄”光荣称号，靠的是什么？
2. 从刘光荣的事迹中，我们能学到什么？

21

沂蒙“识字班”

扫码听故事

“识字班”作为革命年代对群众开展教育的一种组织形式，在革命根据地普遍设立，其以识字为主，对扫除文盲起了很大的作用，新中国成立后又有很大发展。“识字班”在沂蒙老区有特殊的含义，被用作对未婚女性的称呼。

在山东临沂，当地百姓对年轻女性有一个特殊的称呼——识字班，这源于党在沂蒙革命根据地曾开展过轰轰烈烈的扫盲运动，创办了普及文化知识的“识字班”。这些成员中，当地年轻未婚女性占了很大比例，从此“识字班”成为年轻未婚女性的代名词，这一习惯称呼一直沿用至今。

山东虽然是儒家文化发源地，但当地教育在军阀混战时期受到极大的破坏，20世纪30年代初期，成人文盲占总人口的80%以上。在沂蒙革命根据地，老百姓生活穷苦，缺衣少饭，加之受封建文化思想的荼毒，当地根本不重视女孩子的文化教育，以至于文盲在总人口中占90%以上。

在抗日战争时期，我党为了在根据地发动群众抗日，宣传党的方针政策，亟须提高当地老百姓的政治文化素质，首要任务就是扫除文盲，“识字班”便是根据地不同于正式学校制度的一种农村简易识字班的组织形式。

“识字班”最初不以年龄和性别分班，男女老少都在一个班里学习。随着抗日运动的开展，村里的青壮年纷纷参军或支援前线，农村妇女也走出家门、走进“识字班”，因为结婚成家的妇女家务事缠身，经常脱不开身，久而久之，未婚的年轻女性坚持得最好，所以后来的“识字班”专指未婚年轻女性。“识字班”课程较为丰富，涉及文化基础、军事、历史、经济、战时法令、游击常识等，老师主要由小学教师和县、村级干部等担任，也有当地的县、区干部。

“识字班”学习场景

姑娘们学习热情高涨，白天利用劳动的间歇复习知识，晚上睡觉前还用手指在身上画来画去。由于学习刻苦，“识字班”的学员们进步神速，几个月就能认识几百个字。她们在接受文化教育的同时，还接受了民主革命教育，思想觉悟有了飞速提高。

随着战争形势的急速发展，村里的青壮年纷纷参军上战场，妇女成了留守根据地的主力军，尤其是“识字班”的成员，她们逐渐参与到根据地的政治军事活动中，动员亲属参军、拥军优属、支援前线，甚至拿起武器上战场。很多可歌可泣的沂蒙女性都出自“识字班”，比如“沂蒙六姐妹”、沂蒙母亲王换于、用乳汁救活八路军战士的明德英，还有艰难抚养八路军后代的尹德美。她们用自己的行动谱写了一曲曲动人的乐章。

“识字班”从抗日战争开始一直持续到解放战争，这是中国成人教育发展的一个重要标志，更是根据地教育史上的一道丰碑。战争的硝烟早已散去70多年，沂蒙老区的父老乡亲们对年轻姑娘的称呼——“识字班”却始终没有改变。昔日拥军支前、参加革命的“识字班”们，现如今外出务工、回乡创业，已成为当地经济建设的生力军，她们在自己的岗位上用善良、淳朴、勤劳和智慧，建设自己的家园，涌现出众多的科技能手、致富能手、教育能手、拥军模范。她们的精神在沂蒙山区这片饱含红色文化基因的热土上延续着、传承着，书写了新时代沂蒙“识字班”的崭新风貌。

思考题

1. 沂蒙“识字班”形成的历史背景是什么?

2. 沂蒙“识字班”的贡献主要体现在哪些方面?

22

沂蒙红嫂祖秀莲

扫码听故事

沂蒙精神的发扬光大离不开一批批默默付出的沂蒙红嫂，她们用热血和青春为党和人民作出了不可磨灭的贡献，时至今日她们的名字依然焕发出时代的光芒。今天我们讲述的是祖秀莲不畏艰险、勇救负伤战士郭伍士，郭伍士知恩图报为其养老送终的感人故事。

“蒙山高，沂水长……我为亲人熬鸡汤，续一把蒙山柴，炉火更旺，添一瓢沂河水，情深意长，愿亲人早日养好伤，为人民求解放，重返前方……”

这首旋律优美、广为传唱的歌曲《我为亲人熬鸡汤》，生动赞颂了战争年代水乳交融的军民鱼水情。在抗日战争和解放战争时期，有这样一群爱党爱军、忠诚坚韧、勤劳勇敢、无私奉献的“沂蒙红嫂”，她们用热血和青春为党和人民作出了不可磨灭的贡献，时至今日她们的名字依然焕发着时代的光芒。这首歌曲创作的背后有这样一位伟大的沂蒙红嫂，她就是祖秀莲。

沂蒙红嫂祖秀莲（1891—1977）

祖秀莲，原名祖玉兰，1891 年出生于山东省沂南县马牧池乡杏墩子村，后嫁给沂水县院东头乡桃棵子村张志新，之后一直生活在桃棵子村。这个普通的小村庄一直流传着沂蒙红嫂祖秀莲勇救八路军伤员的感人故事。

抗日战争爆发后，八路军在桃棵子村一带建立抗日根据地。村里组建了各种群众组织，如妇女救国会、自卫团、儿童团等，为八路军掩护，疏散伤病员和站岗放哨。祖秀莲虽是一名朴实善良的农家妇女，却时刻准备着为党和人民作贡献，年近50岁的祖秀莲在1939年初就参加了本村妇女救国联合会，自入会后就参与磨军粮、缝军衣、做军鞋等活动，积极支援抗日。

村里惊现一血人　二话没说扶进屋

1941年冬，5万多名日军对沂蒙山区进行了“铁壁合围”式的大“扫荡”，他们叫嚣着不会放过任何抗日力量。时任八路军山东纵队司令部侦察参谋的郭伍士，在11月6日执行侦察任务的过程中，在桃棵子村南挡阳山下与一队日军突遇，反击过程中被日军击中5枪，一颗子弹击穿了郭伍士的两腮，他的牙也碎了好几颗，倒下后的他又被日军用刺刀猛刺腹部。他的肠子也露在了外面，整个人奄奄一息，昏死过去，日军见状认为郭已死，遂离去。

不知过了多久，郭伍士才从疼痛中苏醒过来，他感觉身子如同在刀刃上，口里干渴得难受，只想能有一碗水快些下肚。他忍着疼痛和干渴，使出浑身的力气往前爬去，他想在天黑之前尽快找到一户人家，这样的信念支撑着他缓慢向前爬行，爬不动时就躺在地上向前挪动，凡是他爬行挪动过的地面都留下了斑斑血迹，这一路的艰难可想而知。当他看到一户人家大门没有上锁，屋里还有炊烟冒出，顿时振作起来，郭伍士强忍着疼痛不停地拍打木门。这时在家做饭的祖秀莲听见门外有些动静，从屋里走出来看个究竟，突然看见自家门口躺着一个血人，这可把祖秀莲吓得不轻，惊慌中手里的水瓢掉在地上也浑然不知。祖秀莲很快冷静了下来，因为她根据血人的衣服断定，眼前躺着的是一名八路军战士。祖秀莲二话没说，俯下身使出全身力气将郭伍士扶进了屋。

生死仅在一线间　冒死舍命救亲人

这时如果被日军发现救了八路军伤员，那全家人的命就都保不住了。为了救郭伍士，祖秀莲家可谓费尽心思，一边希望战士身体尽快康复，另一边还得防备日军的搜查。

她精心照顾命悬一线的战士郭伍士，看到血迹已经沾满了战士的全身，她首先想到的是用温水把血迹全部擦净，然后再对伤口进行包扎。见躺在床上的战士一直盯着锅台上的水壶，再看看他干裂的嘴唇和想出声却又无能为力的表情，祖秀莲立马明白了他急需一碗水解渴。当她端着一碗加盐的温水喂他时却怎么也喂不进去。原来郭伍士的嘴里塞满了血块和被打碎的断牙，祖秀莲丝毫没有嫌弃，快速抠出他嘴里的血块和断牙，这样一碗救命水才送入郭伍士的嘴里。

夜幕时分，桃棵子村再次闯入一队狡猾的日军。祖秀莲焦急万分，她想到底把伤员藏在哪里才能不被发现呢？正在她一筹莫展时，三个侄子刚好来看望得了痞疾、一直卧床的丈夫张志新，于是她灵机一动叫上几个侄子，把郭伍士背到村后崖下一个大草垛里藏起来，等到第二天再偷偷把战士背回家。后来她和侄子又把郭伍士藏到村里人在西山半腰挖好的山洞里。然而，即便是每天冒死悉心照料，但是因为山洞潮湿，又缺医无药，几天后，郭伍士的伤口感染化脓，有几处伤口还生了蛆。最让人担心的是，这时他高烧不退，陷入了半昏迷状态。眼看死亡再次逼近这个命悬一线的战士，祖秀莲心急如焚，她想尽一切办法到处打听药方，深入大山采集中草药。皇天不负有心人，在祖秀莲日复一日的照料下，郭伍士从死亡边缘被拽了回来，他的病情也逐渐好转起来。

藏兵洞

为了使郭伍士的身体尽快康复，能早日回归部队，祖秀莲一家宁愿自己吃糠团子，也要把米面让给郭伍士吃，还把家里养的两只老母鸡杀了给郭伍士熬汤喝。经过一个多月的精心照料，郭伍士的伤病终于好得差不多了。此时，村干部告诉祖秀莲，八路军后方医院到了山后中峪村一带，那里的医疗条件好，于是他们商量后准备把郭伍士送过去继续治疗。祖秀莲让村干部找了几个年轻力壮的青年，抬上郭伍士，带上收拾好的行李和饭菜将其送到八路军后方医院。临走时，祖秀莲喜极而泣并嘱咐郭伍士，不管走到天南海北，一定捎个信儿来。郭伍士感激地说，“无论战斗到哪里也忘不了您这个‘娘’”。

1942 年 10 月，沂蒙抗日根据地再次遭到丧心病狂的日伪军的大规模“扫荡”，祖秀莲不顾个人安危，与妇救会其他人员一起积极救护和疏散八路军伤员，还帮助抗大一分校掩藏重要文件和物资。

卖酒寻回救命人　归来再报当年恩

郭伍士很快就在医院把伤病彻底养好了，他又重新回到了自己的部队继续战斗。后来因为伤病面临复员，当部队领导问他复员是否要回到山西老家时，他坚定地回答：“我要回到沂蒙山。”他一心要找回当年的救命恩人，于是他每天担着挂满烧酒的小挑子，穿梭在崎岖不平的山路上，希望能够一边卖货、一边打听救命恩人的消息。历经八年多的时间，他终于找到了桃棵子村，当他见到祖秀莲时激动地跪在地上痛哭：“娘啊，我总算是找到您了，我永远是您的儿子！”在场的村民无不为之动容。后来郭伍士一家把家迁至桃棵子村，从此与祖秀莲以母子相称。

郭伍士不忘当年的救命之恩，在他的心里永远装着祖秀莲这个如同自己亲娘一样的人，每个月拿到补助金，他都会拿出一部分给祖秀莲。除此之外，他还将供应给自己的花生油送给祖秀莲，也经常带着各种好吃的去老人家里看望。祖秀莲则帮着郭伍士照看拉扯孩子，郭伍士的子女们亲切地称呼她为奶奶。1970 年底，祖秀莲不顾自己 80 岁高龄，仍坚持到南墙峪水库参加工地劳动。1976 年，祖秀莲经党组织批准加入中国共产党。1977 年 7 月，祖秀莲去世。1984 年，郭伍士也因伤病去世，家人把他葬在了和“祖秀莲纪念墓”隔村相望的村南山坳里。此后的两家人依然亲如一家。

祖秀莲和郭伍士合影

祖秀莲不畏艰险、勇救战士郭伍士，郭伍士复员后为其养老送终的感人事迹，后来被沂水县委组织部、沂水县委党校等联合拍摄成微电影《祖秀莲》。该影片展映后，沂蒙红嫂祖秀莲勇救伤员的故事随之家喻户晓。沂蒙精神的发扬光大离不开一批批默默付出的沂蒙红嫂，新时代沂蒙大地涌现出了大量的“新红嫂”，她们在传承中进取，继续为沂蒙精神薪火相传注入新的力量！

思考题

1. 沂蒙红嫂祖秀莲为什么能够不畏艰险、勇救伤员？
2. 从沂蒙红嫂祖秀莲身上我们学到了什么？作为新时代大学生我们该怎样做？

23

许婚动参的梁怀玉

扫码听故事

18 岁的她容颜娇丽，是当地出了名的“金凤凰”，为动员参军，她第一个站上台说道：“谁第一个参军，俺就嫁给谁！”抗战时期，莒南县洙边村的“识字班”梁怀玉带头将爱情献给子弟兵的事迹，至今仍在沂蒙地区流传。她的奉献精神和博大情怀为时代所铭记。

从临沂市莒南县城往南十几公里，是一片丘陵地带，抗日战争时期，这里深受红色革命文化影响。在沟坡相连处，有一个偏僻的穷山村，叫洙边村，梁怀玉便是这个村庄里面土生土长的农村姑娘。父亲靠打短工勉强使一家人糊口度日，这是典型的沂蒙山区贫苦农民家庭。

自幼受尽了旧社会的苦难折磨，也见多了农民的疾苦，梁怀玉逐渐成长为一个聪敏好学、爱憎分明、善良勇敢的孩子。刚满 14 岁，她就跟在一些村里的地下党组织成员身边，为他们站岗送信，与他们一起跟恶霸地主、汉奸走狗周旋斗争。在革命精神的感染下，梁怀玉逐渐成长为儿童团组织的骨干。后来，她成为村妇救会的负责人，并精心组织村中妇女抗战支前，为八路军和地方武装通风报信、送军粮、做军鞋，做了大量支前工作。

16 岁那年，为响应八路军在洙边村开展的抗日动员宣传活动，梁怀玉主动报名参加了全乡大会演，演绎了反映农村生产劳作的小戏《买驴》。因为戏中她能歌善舞，而且人又长得美丽，所以一下轰动了全乡，乡亲们都说洙边村出了个“金凤凰”。梁怀玉听闻，喜在心里，此后，她更加积极地投身抗日工作。由于思想进步，聪慧、活泼，各项工作走在前面，梁怀玉很快成长为一名比较成熟的地方工作人员。1944 年，19 岁的梁怀玉便当上了“识字班”队长、村团支部委员。同年，她光荣地加入了中国共产党，并被当时的滨海军区文工团聘为地方抗战文艺宣传员。

这年春节前，正值抗日战争进入战略反攻阶段，八路军部队急需补充兵力。为了动员青年参军，梁怀玉所在的农村剧团积极排练演出了小戏《王宝山参军》。戏中梁怀玉饰演王宝山的妻子，演绎了丈夫前线参军，妻子和小姑子操持家务、务农养家的故事。她在戏中入情入境、活灵活现的表演，引起了乡亲们深深的共鸣。

开春，莒南县开始了参军大动员，洙边村党支部召开动参大会，希望洙边村多出几个参军的。会上提出村里青年民兵要积极报名，“识字班”和妇救会要主动配合做动员工作。接到任务后，梁怀玉带领本村“识字班”的学员走门串户，为动员青年参军做了大量宣传工作。但连年动员参军，村里符合条件的青年基本都已经参了军，而且不断有牺牲的消息传回村中，很多男青年都害怕上战场，开始推辞。因此，动员参军工作非常困难，梁怀玉一时犯了难，夜里辗转反侧。她反复地想，该怎样动员号召村里的小伙子去当兵呢？作为一名共产党员、妇救会干部，她想以身作则，带个好头，可眼下又暂不征女兵，这可如何是好。

梁怀玉想：“我是党的干部，党交给的任务，一定要完成。”最终，她毅然决定，为了解放，为了完成党的事业，奉献自己的爱情。

第二天，洙边村动员全体村民召开动参大会，村党支部书记动员讲完话，梁怀玉第一个上台发言。她说：“男青年们要响应党的号召，当兵上前线是最光荣的，只有消灭了敌人，解放全中国，咱们才能过上好日子。俺‘识字班’今后一定照顾好军属，当兵就不要顾虑家，也不要担心找不到对象，‘识字班’找对象就找当兵的，谁第一个报名参军，俺就嫁给谁！”

此话一出，村里的动员大会顿时热情高涨起来，在梁怀玉的带动下，“识字班”的许多女青年也加入她的队伍，要嫁给那些积极主动参军的人。人们奔走相告，大家一传十，十传百，不仅梁怀玉“走红”了，甚至还有不少地方也效仿起来，积极鼓励这种革命爱情。当天，洙边村青年刘玉明第一个报了名。

报名结束后，刘玉明怀着忐忑的心情找到村长，问：“村长，是不是俺第一个报的名?”

村长看着老实巴交的刘玉明，说：“是呀，这还有假吗!”

刘玉明犹犹豫豫憋了很久，说：“村长给俺提提这门亲吧!”

村长一时不知如何是好，为了不使报名参军的人思想动摇，便派副村长刘少举去找梁怀玉询问此事。

此时的梁怀玉已是远近闻名的“金凤凰”，是洙边乡有名的“花魁娘子”，正值花期妙龄的她对自己的婚姻也有所憧憬，可真要嫁给刘玉明，思想斗争还是很激烈的。这个刘玉明，长相平常，年龄还比梁怀玉大许多，家中也十分贫困，父亲双目失明，母亲常年卧床，弟妹幼小，一间破草房，家里穷得叮当响。梁怀玉父亲知道后，觉得实在不般配，想想自己只有这一个闺女，说啥也不同意让她嫁过去。

面对父亲的反对，梁怀玉想起了她曾饰演《王宝山参军》中妻子的角色，戏里面有深明大义的榜样，自己就不能退缩。更难能可贵的是，在大家都不敢报名参军的时候，刘玉明第一个站了出来，要上前线杀敌，这份胆气和决心，恰恰是梁怀玉所看重的。于是，她坚决要兑现诺言嫁给刘玉明，毅然做通了父亲的工作，定下了婚事。

据统计，这次动员参军大会后，在梁怀玉、刘玉明的带动下，全乡近百名青年走上了抗战前线，全县527个自然村里，就有1488人报名参军，1339人加入主力部队。此次参军动员工作进展非常顺利，超额完成了任务，有力地支援了八路军部队。

正月十五日，新战士报到，“识字班”女青年们唱着送郎参军的小调，敲锣打鼓地把本村新参军战士送到八路军驻地。刘玉明戴着梁怀玉亲手系上的大红花前往部队，来送行的乡亲们纷纷传颂着梁怀玉自愿嫁给新兵的事迹。共产党员梁怀玉同志送郎参军的美名，自此传遍沂蒙大地。

为了兑现自己的承诺，也为了能让刘玉明安心参军打仗，趁着新兵部队还在莒南县驻扎集训，梁怀玉就主动和刘玉明在这期间完了婚。婚后12天，刘玉明所在部队就开赴前线了，几年时间里音信全无。刘玉明去前线以后，刘家的沉重担子就落到了梁怀玉的肩上。梁怀玉不仅精心侍奉年老多病的公公婆婆，担负起繁重的家务农活，还坚持组织“识字班”抬担架、做军鞋，全力支援八路军抗日。

解放战争时期，国民党反动派大举进攻山东解放区，并且派特务到处抓共产党干部和军属，梁怀玉带着公公婆婆和小姑子一起东躲西藏，度过了一段艰难时期。

梁怀玉和刘玉明夫妻二人第一次合影

虽然苦不堪言，但她仍然坚持参加支援前线活动，做军鞋、缝军衣、烙煎饼，有时冒着生命危险全力支援前线。

1949 年 1 月，淮海战役胜利结束，徐州解放了，梁怀玉第一次收到丈夫刘玉明从部队徐州驻地给家里写的信。新婚一别 4 年之久，接到丈夫的来信后，梁怀玉兴奋之余徒步上百里路去往火车站，几经辗转来到徐州。可是她到徐州才知道，刘玉明所在的部队已经开拔去往前线了。心有不甘的梁怀玉又只身去找，还是没能找见丈夫。直到 1950 年春，她第三次到徐州打听丈夫下落，终于找到了刘玉明。这时的刘玉明已经成长为解放军坦克部队驻徐州部队的一名连长，夫妻二人留下了第一张合影。6 年前，他们因为军队结缘，6 年后，他们又在军队相聚，这张姗姗来迟的合影不仅记录下他们再次相逢的喜悦，也记录了他们新婚似的憧憬和美满。

新中国成立后，刘玉明转业到临朐县公安部门工作，直到 1980 年离休后回到老家洙边村，他和梁怀玉及全家老小才真正过上了团圆的日子。

思考题

1. 梁怀玉的事迹至今仍在当地流传着，这种无私奉献的精神和博大的革命情怀一直鼓舞着沂蒙人民，请你谈谈“红嫂精神”对于当今时代具有何种价值意义。

2. 爱国不只是空喊口号，爱国行为表现在我们生活的点点滴滴中，请你谈谈生活中你是怎样爱国的。

24

民兵女英雄侍振玉

扫码听故事

在沂蒙这片红色的沃土上，面对日军的烧杀抢掠，不仅有冲在抗日前线的热血男儿，还有不屈不挠、英勇斗争，书写壮丽青春的沂蒙姐妹。让我们一起倾听女英雄侍振玉的故事。

苦难的童年

侍振玉出生于1929年3月，是临沭县曹庄镇人。幼时家里生活贫苦，一年到头以野菜、地瓜面作主粮，姊妹几个饿得面黄肌瘦。家里的十个孩子中，她排行老九，其中三个哥哥和一个姐姐因饥饿和疾病不幸相继去世。侍振玉出生的这一年又是一个先旱后涝的大灾年，为了不至于饿死，爹妈狠心把两个月大的侍振玉送给人家当了“带女”（即想要孩子而生不出孩子的家庭，把她要了去，希望能给他们“带”个孩子来）。后来，人家生了孩子，侍振玉被送回了家。不久，她又被送到别人家，做了“压女”（即生了孩子后总是夭折，把她要了去给压着）。就这样，直到6岁，她

被授予“女民兵战斗英雄”的侍振玉

先后被 5 次送给别人家。

6 岁那年，她在一户人家里做养女，小小的个子还够不到灶台，却每天要做刷锅洗碗等家务活。一天刷锅时，脚下的小凳子踩空了，她摔倒在锅台边，后脑勺受伤。养父母非但没有关心她，还以耽误做饭为由打骂责备她，并罚她两天不许吃饭。几天后，来村子里拾花生的二姐看到了侍振玉头上的伤，听闻她的遭遇，便偷偷带她回家。侍振玉一见到母亲便大哭着表示再也不想离开家。自此之后，侍振玉便和姐姐一起以采树叶、挖野菜和去附近村子讨饭为生，因为穷，甚至一年四季都光着脚，但她却在苦难中活了下来。正因为苦难，侍振玉才养成了勇敢坚毅的性格，无论是爬高还是游泳，她在小伙伴中总是最拔尖的，大人们总笑着称她为“假小子”。

1940 年，共产党带领八路军来到侍振玉所在的村子建立抗日武装。当地儿童团成立后，11 岁的侍振玉便被选为儿童团团长，负责站岗、放哨和查路条等，她带领小伙伴把各项工作完成得非常出色。

战火中的成长

那是 1944 年，大曹庄数里外有一个日军据点，他们经常来村里“扫荡”。母亲要带着孩子们躲起来，可是胆大的侍振玉却选择留下来战斗。当看见日本兵浩浩荡荡地进村后，她便和四爷爷一起在村巷土炮楼里对付敌人，四爷爷负责装火药，侍振玉负责点火，还要及时将土炮隐藏在地窖里。

但是几经日军的“扫荡”，侍振玉家的房子也在三次火烧之后被损毁了。更让侍振玉咬牙切齿、恨之入骨的，是日军惨绝人寰的屠杀。一些打算在日军走后回家去抢粮食救火的老人藏在土沟里，被日军发现后，全部都被杀死了，整条沟血水不断。街北头“三青皮”的妻子在跪地求饶时，被日军用刺刀刺死，她的小儿子哭喊不止，却被日本兵扔进火坑里活活烧死了……人世间最为野蛮和残酷的画面展现在一个 15 岁的小姑娘面前，却更加磨砺了她顽强的性格。

17 岁时，侍振玉加入了中国共产党。其间，因为在战斗中表现出色，敌人也对她印象深刻，甚至曾悬赏三百万元（伪币）买她的人头。还乡团头目吴亦忠带人天天到侍振玉家里搜查。当侍振玉听说她爹经不住威吓，最终投降了还乡团，成为还乡团的骨干的消息时，她怒火中烧，打算立马回家质问父亲。游击队队长及时制止了她，于是，侍振玉写了一封信捎给家里，让爹不要跟着还乡团做坏事，却一直没等到回信。

后来曹庄被打开，侍振玉气冲冲地跑回家，情急之下，甚至拔出了手榴弹，拉了拉弦，还好拉弦断了，手榴弹没有炸。原来父亲遭到还乡团的严刑拷打，但父亲没有屈服，侍振玉这才知道自己中了敌人的计。心里羞愧万分的她，眼泪也忍不住流下来。父亲却很理解她，称赞她对党和人民的忠心。

燃烧的青春

1947年，国民党重点进攻沂蒙山区，鲁南地区沦为敌后。有一天，曹庄的乡亲们大清早在大雾中忙着秋收，有民兵急忙报告说，还乡团和国民党的队伍正朝村子所在的方向进攻。

面对紧急情况，侍振玉当机立断，开始部署分工。先派民兵尽快向独立营报告，接着安排三人在村口埋伏瞭望，负责监视敌人动态，不要打草惊蛇。她则带着五位女民兵在村口、大路口埋地雷，并且插了写着“打倒蒋介石”标语的牌子，底下连着地雷线。当敌人走到此处看到这些标语牌时火冒三丈，想到会有地雷，便用长竿子挑起来，发现并没有引爆地雷，从而更嚣张地一哄而上，转瞬间，只听见连声巨响，火光冲天。趁着敌人慌乱之时，侍振玉组织民兵开始战斗，山上的枪声一响，原本吓得魂飞魄散的敌人开始往回逃窜，独立营的同志们也及时赶到支援，共同追击敌人。侍振玉在战斗中果敢而出色的表现传遍了沭河两岸。

侍振玉从1940年11岁开始担任儿童团团长，到1949年初，先后参加大大小小的战斗96次，为抗日战争、解放战争的胜利立下了功勋。1949年，侍振玉作为华东民兵代表里唯一的女性，出席了中国新民主主义青年团第一次全国代表大会，被授予全国“女民兵战斗英雄”称号。在电影《南征北战》中，成功掩护军队强渡流沙河的女民兵连长的原型就是侍振玉。

在烽火连天的战争年代里，侍振玉以大无畏的精神加入了捍卫家园的斗争，她超越了传统观念对女性角色的定义，凭借对坚定信念的追求，用同仇敌忾的烈火点燃了青春岁月，书写了一段壮丽的人生篇章。这也启迪我们，要为了理想的实现去勇敢地燃烧青春岁月，并用它来丰富人生，照亮生命！

思考题

1. 侍振玉为什么被授予“女民兵战斗英雄”的称号？
2. 你觉得“女民兵战斗英雄”侍振玉的哪些精神品质值得我们学习？

25

智闯虎穴的刘玉梅

扫码听故事

蒙山巍巍千代秋，沂河滔滔万年长。抗日战争时期，沂蒙大地上涌现出一批英雄的沂蒙红嫂，她们曾在历史的剧本里印下奋斗的足迹，用她们的热血浸润着这片伟大的土地。作为沂蒙红嫂之一，刘玉梅被称为青驼镇上的“阿庆嫂”，她以聪明睿智和胆大心细书写了自己的青春传奇。

与众不同的“大脚板”

刘玉梅（1904—1992）

1904 年，刘玉梅出生于双堠镇龙口村，父亲一直在地主家当长工，后来因病重被地主赶走，最终含恨离世，当时刘玉梅才 8 岁。三四年后，刘玉梅到了要缠足的年纪，但她却拒绝缠足，性子倔强刚烈的她一次次把缠足的带子偷偷解开。因家境贫困，15 岁的刘玉梅只能去地主家当丫头。干重活久了，脚也随着身高逐渐长大，就变成了女孩中突兀的“大脚板”。在地主家看眼色过日子的那两年，她不仅劳累辛苦还受尽责骂，同时，因为这双大脚也总是被嘲笑。正是这些生活的磨难，将刘玉梅的内心磨炼得强大而坚定。她在17岁时嫁给了同村的贫苦农民王连友。因为刘玉梅开朗豪爽、风风火火的性格很适合经商，夫妇二人手脚又勤快，所以共同经营了一家锅饼面食铺。因为与众不同的“大脚板”，她被乡亲们亲切地称为“王大脚”。

被选为村妇救会会长

1938年2月起，日军逐渐大规模从莒县向沂蒙地区进攻，沂蒙大地遭到日军的烧杀掳掠。清明节时，日军占领了沂水县城，共产党和共产党所领导的八路军派出多支队伍到青驼镇，宣传党的主张，发展党组织，带领群众一起抗击日军。刘玉梅出于好奇，经常去参加共产党的抗日宣讲会。通过一段时间的学习，她进一步了解了共产党的抗日主张和方针，内心抗日救国的激情也被点燃了。

一天，机会终于来了，工作队陈队员让本村的刘德行带他来到刘玉梅家，表示希望她能积极参加抗日活动。陈队员述说着自己自愿加入革命队伍的心路历程，真挚地说道：“抗日需要每一位乡亲的力量，身为堂堂正正的中国人，我们要共同守卫我们的家乡，不能让日军在我们的土地上横行霸道。”陈队员的这一番话更加坚定了刘玉梅投身抗日活动的意愿。她迫不及待地说：“只要咱们工作队里需要我，我就跟着你们一起干，咱共同把日军赶出去！”而后，刘玉梅就按照陈队员说的，挨家挨户做妇女们的工作，开始发动青驼街、周边村庄和蒙河上下的姐妹们，把大家组织起来积极参加抗日活动。成立妇救会后，由于工作积极，刘玉梅被推选为妇救会会长。

1939年，八路军队伍到了青驼，刘玉梅带头整理出三间房给八路军住。当时青驼街的乡亲们都知道八路军是抗日救国的队伍，也主动整理出房间给八路军住。刘玉梅的家里住着山东纵队敌工科的三个班，科长叫李兆。在与八路军朝夕相处中，刘玉梅感受到战士们的可敬可亲。战士们在天刚蒙蒙亮时就起床帮她挑水、磨面、碾米。她则帮战士们做饭，虽然是粗茶淡饭，但战士们吃得又香又甜。只要是前线的队伍需要军鞋、兵工原料等物资，她就想方设法组织姐妹们一起做军鞋和收原料，大力支援前线。

建立地下联络站

面对严峻的对敌斗争形势，山东纵队、山东省委机关和八路军第一一五师需要暂时离开青驼。李兆科长在出发前与刘玉梅谈话，指出了青驼寺地理位置的重要性，并说队伍虽然要暂时撤离，但组织决定要让做事干练利落、头脑机智灵活、走起路来脚步轻快的刘玉梅当秘密联络员，以刘玉梅夫妇经营的锅饼铺子为地下联络点，负责进行情报的收集和传递工作。刘玉梅目光坚毅，内心激动地接受了任务，她说："李科长请放心，我一定做好，不辜负组织的信任！"

锅饼铺子联络点的范围包括山后、高庄、上下峪和邵家峪等，联络员随时会到锅饼铺子对暗号接头，并且都是单线联系。刘玉梅则要准确地辨别对方是不是真正的自己人，防备敌人假扮成自己人。胆大心细的刘玉梅，每次都不慌不忙地仔细观察，及时准确地把从伪军那里了解到的敌人内部的情报传递给八路军。

翻山越岭送情报

有天傍晚，刘玉梅夫妇正在揉面，打算烙好最后两块锅饼就关门。有个陌生人急匆匆地进店问道："有烧饼吗？我要两斤！"刘玉梅便回答："没有烧饼。"那人听后说："我想买烧饼，撒上芝麻的烧饼。"说着，手中还不时晃着一张"中央票"。刘玉梅说："我们是锅饼店，不做烧饼。再说，现在俺们只收铜钱，不要纸票了。"那人犹豫了一会儿说："我特别想吃带芝麻的烧饼，可是你现在没有，那你什么时候能做烧饼？"刘玉梅说："我们今天晚上就发面，明天一早就能做出来。"暗号对上了，是联络员！联络员高兴地抓住刘玉梅的衣袖说："你是王大嫂吧！我从敌人队伍里得到了情报，尚店据点的汉奸、蒙阴方向垛庄的日军、南边半程的日军和汉奸正往这儿集合，他们今天晚上有大行动。天色不早了，我还得尽快赶回去，就拜托你把这个情报送出去了。"

刘玉梅一听情况危急，就立马手拿算盘、肩扛秤，迈着她有力的大脚，以收粮食顺便去要账的名义，到邵家峪小山村的大碾子旁边打听一个姓丁的，说是欠了她三斤锅饼钱，以此来对暗号找联络员。

她传递完情报回村的时候，天已经全黑了，正遇到敌人在街上烧砸抢掠，她只能在村外的沟里监视日军。她听到日军真正的目的是偷袭八路军山东纵队机关及省委机关在山后的大本营孙祖。因为日军也正在路上行进，时间相当紧急，又不能暴露自己，她只能飞奔到陈寨，又绕了五六里路的高粱地，才把情报送出去。她的衣服被划破了很多窟窿，身上也有多处划伤。多亏了刘玉梅送的情报，八路军才避免了一次重大损失。

勇闯虎穴　智取情报

1941 年春，刘玉梅光荣地加入了中国共产党，从此，她对党的信仰更加坚定。1941 年秋，日军在青驼寺周围安设据点。为更准确地掌握日伪军情报，刘玉梅奉上级指示，担任伪庄长，以便及时准确地把情报传递给八路军。

刘玉梅不顾个人安危，在残酷的斗争中积累了丰富的对敌斗争经验。青驼一带虽然处在敌占区，但由于我党在这里建立了有效的地下情报网，探察的情报及时准确，挫败了敌人的一个个阴谋。而后，汉奸也开始怀疑是刘玉梅在给共产党传递情报，从而运用突击搜查、假扮联络员等各种方式试探她，但由于她的警惕性特别高，每次都能从容不迫地应对，所以敌人一无所获。

1943 年秋天，刘玉梅接到上级任务，需要她打入青驼伪警察所，瓦解敌人，争取敌人内部的可靠关系。这可是非常危险的，随时可能暴露身份，但她知道自己是共产党员，要有担当、能担当、肯担当。于是她开始观察可以策反的对象，经常去她店里吃锅饼的伪警察所所长引起了她的注意。从此，刘玉梅经常了解他的思想动态，适时地和他谈心，这位姓张的伪警察所所长逐渐动摇了。

后来，刘玉梅做通了青驼伪警察所所长的工作，使其带领青驼伪警察所的 30 多名伪军向八路军投诚。1945 年 4 月，刘玉梅光荣地出席了中国共产党第七次全国代表大会，并受到罗荣桓、王建安、高克亭等领导同志的亲切接见。1946 年 3 月，刘玉梅光荣出席了县英模大会，受到大会的表彰。

在抗日战争的艰苦岁月里，刘玉梅靠着崇高的信仰与忠诚，根据党的指示，战斗在敌人的巢穴里，大胆机智地与日军、汉奸巧妙周旋。她把一生奉献给了党，奉献给了革命，是对虽千难万险而义无反顾这一革命精神的生动诠释。她的事迹，镌刻在了青驼大地上，也镌刻在了高高耸立的沂蒙山上。

思考题

1. 你觉得刘玉梅身上有哪些值得学习的优秀品质？

2. 青驼镇上的“阿庆嫂”——刘玉梅的事迹，体现了沂蒙红嫂怎样的特点？请谈一谈你的感想与体会。

26

血洒沂蒙的英雄夫妇陈明、辛锐

扫码听故事

抗日战争时期，中国共产党与全国人民一起前赴后继、浴血奋战，以血肉之躯筑起了捍卫民族尊严的长城。为了打败日本侵略者，无数共产党人舍生取义、壮烈牺牲。和今天的我们一样，他们也有柔肠百转的爱、难以割舍的情，但在信仰面前，情感被刻意隐藏了。有这样一张合影，照片上的两个人彼此守望、笑容灿烂，他们就是抗日英烈陈明、辛锐夫妇。

在临沂华东革命烈士陵园，有一座高9.3米的合葬墓，墓碑正面为谷牧手书碑文。墓主人是一对革命伴侣、抗日英雄，他们就是在沂蒙抗日根据地壮烈牺牲的陈明和辛锐。

陈明（右）和辛锐合影

陈明（1902—1941），福建龙岩人，自小学习成绩优异，热爱文学，擅长演讲与绘画，1925年加入中国共产党。陈明25岁时便担任福建省委书记，后来随八路军第一一五师到沂蒙山区，任中共山东分局党校副校长、山东省战时工作推行委员会副主任兼秘书长。陈明是红色笔杆子、革命理论家。他一次次慷慨激昂的演讲，不仅激发了辛锐对革命工作的热情，也让她对陈明心生仰慕。1941 年 3 月 8 日，怀着共同坚守革命事业的信念，两人结为革命夫妻。

辛锐（1918—1941），原名树荷，章丘辛寨人。辛锐出生于一个富裕的家庭，父亲是著名的金融资本家。她从小就爱好广泛，最大的梦想就是可以举办一个自己的画展。1937 年 12 月 27 日，日本侵略者占领济南，此时的辛锐放弃了自己的梦想，投身革命，成为一名共产党员。加入中国共产党后，她充分发挥自身优势，1941 年担任中共山东分局姊妹剧团团长，积极宣传抗日救国思想。

由于工作繁忙，婚后的陈明、辛锐很少生活在一起。虽然聚少离多，周围充斥着战争的硝烟，但他们的爱情仍然甜蜜和热情。辛锐在局势紧张的情况下，为了不耽误组织的工作，含泪打掉了肚子里已经三个多月的孩子。1941 年 11 月 30 日，惨烈的大青山突围战打响了，日伪军 5 万多人对沂蒙山区实施“围剿”。由于电台发生故障，情报有误，根据地部分机关人员转移时误入日军包围圈，为了让战友们成功突围，陈明放下笔杆子，拿起枪杆子，带领战斗力量冲在前面，不幸双腿负伤。

当时一个警卫员想要背着陈明撤出战场到安全的地方去，陈明知道自己受了重伤，不想拖累警卫员，就说：“你赶紧跑，咱能活一个是一个。”说完陈明对着围上来的敌人挥起手枪接连撂倒 3 个日军，而他把枪膛里的最后一颗子弹留给了自己。

就在陈明牺牲的当天，辛锐在突围战中身负重伤，双腿膝盖被打碎。战友把她送到大青山正北火红峪村养伤，藏在一个阴暗的山洞里，而她并不知道丈夫陈明已经牺牲了。12 月 17 日，日军在一次拉网式“扫荡”中发现了她的藏身地点。同志们用担架抬着辛锐突围，她朝同志们喊：“我用手榴弹掩护，你们快突围!”她投出两枚手榴弹，掩护战友撤退。当日军包围上来时，辛锐拉响了最后一颗手榴弹与敌人同归于尽。

23 岁的辛锐，告别了自己深爱的这个世界。在她牺牲的地方，村民修坟立碑以作纪念。三年后，辛锐的墓上长出了一棵板栗树，枝繁叶茂，开花结果。人们都说，这棵板栗树就是陈明的化身，他一直呵护在妻子身边，弥补生前二人没能相守的遗憾。

陈明、辛锐彼此之间的倾慕和爱恋让他们携手成为夫妻，而对国家的信仰和民族的大爱让他们甘愿放弃所有，长眠于青山之中，默默实践着对彼此和祖国的守护。1950 年，党和政府将陈明、辛锐两位烈士的忠骨移入梭庄烈士陵园内，1986 年又移到临沂市华东革命烈士陵园，并重修了烈士墓，让人民永远缅怀他们为中华民族解放而英勇献身的丰功伟绩。

思考题

1. 从陈明、辛锐夫妇身上，我们能够看到哪些品质？
2. 作为新时代青年，如何助力伟大中国梦的实现？

27

沂蒙女战士吕宝兰

扫码听故事

1947 年 5 月 27 日，农历四月初八，这天是临沂的小集。本该熙熙攘攘的街头，却不见商贩们往来的身影。原来，赶集的人都在街上围观一个即将被押赴刑场的女人。这个女人看起来也就二十来岁的年纪，被反绑着双手，双脚戴着脚镣，浑身是血，其状惨不忍睹。此时，人群中有不少人在默默地抹眼泪，这些人知道，这个受尽凌辱但依然斗志昂扬的女人，是临沂朱陈区的妇女委员、共产党人吕宝兰。

1924 年，吕宝兰出生于罗庄湖西崖村。吕家很贫穷，没有自己的田地，靠租种本村一户张姓地主的 20 亩地为生。这个张姓地主共有 2000 多亩地，湖西崖村种地的有一大半是他家的佃户，周围好几个村子也都有他的佃户。他不仅挖空心思巧立各种名目榨取佃户们的血汗，还欺男霸女，无恶不作，方圆十里的人都叫他“张霸天”。

吕宝兰画像

农闲的时候，吕宝兰喜欢去找吕其昌玩。吕其昌是吕宝兰父亲吕其太的本家，出身陶艺世家，有一身拳脚功夫，人送外号“飞毛腿”。吕其昌急公好义，好为人打抱不平。他痛恨旧社会的种种腐败现象，秘密加入了中国共产党，并在临沂城南成立了第一个工人组织“工友会”。吕宝兰特别喜欢去工友会玩，听吕其昌讲革命道理。她希望有朝一日能和吕其昌一样“行侠仗义”，让老百姓不受有钱人的欺负。

不过，在她的理想没有实现之前，她和家人依旧受有钱人家的欺凌。

吕其太是老老实实的农民，他带领一家人一年到头起早贪黑，拼死拼活地劳作，却连肚皮也填不饱，受尽了盘剥。“张霸天”也拿吕家当软柿子捏，老实巴交的吕其太总是逆来顺受、忍气吞声。

1941 年秋天，吕家租种的田地遇上了龙卷风，颗粒无收。吕其太哀求“张霸天”把地租给免了，可“张霸天”硬是带着一群狗腿子，抢走了吕家一家人准备过冬的口粮。吕其太的大儿子气不过，摸起菜刀要去找他们拼命。吕其太怕他出去惹出大乱子，就把他牢牢地绑在了自家院子里的榆树上。吕其昌要拉着吕其太去找“张霸天”评理，吕其太死活不去，蹲在地上，抱着脑袋，一个劲儿地抱怨自己的命苦，活该受罪。

没了生路，那年年尾，吕其太一家六口一路讨饭到了沭水县兴云区（现属莒南县），在兴云区杨家三义口村安了家。

杨家三义口村是解放区，隶属中国共产党领导的滨海区抗日根据地。吕宝兰来到这里，觉得进入了一个新的世界。在这个村子里，当家作主的不再是吆五喝六的地主豪绅，而是像她一样的贫苦百姓，这里没有压迫，没有剥削。她想，这不就是吕其昌给她描绘的理想热土吗？

觉得换了新天地的吕宝兰，义无反顾地投入到革命中。她进了识字班，参加了妇救会，进步很快，并于 1943 年光荣入党。由于她大胆泼辣，工作出色，被推选为兴云区妇救会会长，成为区里主要领导之一。

在吕宝兰的影响下，大哥吕宝秀参加了八路军，并在部队上立功受奖，当年就入了党。弟弟吕宝容、妹妹吕宝桂参加了儿童团，站岗放哨，读书识字，明白了很多革命道理，聪明机灵的兄妹俩很快成为儿童团的骨干。就连老实巴交的吕其太，也加入了中国共产党，在党的教育培养下，从一个听天由命、任人宰割的传统农民，成长为有胆有识的农救会干部、顽强抗争的革命斗士。

可以说吕宝兰一家就在革命的大熔炉里浴火重生，百炼成钢。

1945年9月11日，临沂城解放。组织决定让吕宝兰返回家乡，担任朱陈区妇女委员。吕宝兰在临沂城参加完山东省第二届妇救会代表大会后，按时到朱陈区报到，她主要负责减租减息运动。

临沂城解放，军民在城隍庙前举行庆祝大会

吕宝兰敏锐地意识到，她又要和“张霸天”这个对手见面了。此时的湖西崖村情况复杂，斗争残酷。吕宝兰主持召开了湖西崖村群众诉苦清算大会，对湖西崖村的“张霸天”进行了清算。吕其太、吕其昌带着民兵押着“张霸天”，一群人潮水般涌向张家大院。

佃户们抬着、扛着、拉着那些本该属于自己的东西，走在回家的路上，一个个兴高采烈，笑逐颜开，整个湖西崖村比过年还热闹！不久，一场暴风骤雨似的土地改革在沂蒙大地上迅速拉开了帷幕。吕宝兰他们采取强硬措施，没收了“张霸天”等地主的土地，按人头分给了贫雇农，县政府还颁发了土地证，保障了翻身农民的土地权，让群众吃了“定心丸”，根深蒂固的封建剥削制度土崩瓦解。

而这场改革，因为触动了“张霸天”等地主的根本利益，加剧了他们对吕宝兰等共产党人的仇恨。

1947年，国民党集中兵力对沂蒙山区实施重点进攻，华东野战军主动撤出临沂。逃亡在外的国民党临沂行政督察专员王洪九等人勾结“张霸天”等地主，组织“还乡团”回到临沂城，开始对地方党组织以及老百姓进行疯狂报复。王洪九更是狂妄叫嚣：“在临沂城我不杀三千共产党和土改积极分子，我王洪九誓不为人！”

面对形势的变化，吕宝兰和区上的同志们转移到湖西崖村西面约20里路外的山上，一边隐蔽，一边继续开展革命工作。

1947年2月22日，按照跟群众的事先约定，吕宝兰和同志们一大早悄悄潜回村里收军鞋，没想到被“张霸天”的人给盯上了梢。

为了避免给群众惹出麻烦，保护好大家辛辛苦苦做出的军鞋，吕宝兰和吕其太断然决定带领大家把敌人引开。由于敌众我寡，除背着军鞋早已隐蔽起来的两人外，其余同志连同吕宝兰父女在内全部被俘，被投进了王洪九的杀人魔窟——临沂监狱。

在临沂监狱中，吕宝兰受尽了折磨。

为了挖出共产党的机密和当地领导人的藏身之处，王洪九指使他的特务队用尽各种毒辣手段对吕宝兰进行审讯。压杠子、灌辣椒水、火烧脚心、竹签钉手指，甚至连旧县衙留下的拶子，都施加在了这位年轻的女共产党员身上。

在监狱里，吕宝兰一次又一次昏死过去，但始终咬紧牙关不吐露一丝机密。

见吕宝兰不招供，王洪九又想出了个阴招，用酷刑折磨吕宝兰的父亲、弟弟和妹妹，妄图逼吕宝兰开口。眼睁睁地看着自己的亲人被折磨得死去活来，听着亲人们那撕心裂肺、凄厉无助的惨叫声，吕宝兰肝肠寸断。她眼含泪水，强忍悲痛，对王洪九等人破口大骂，并不断鼓励亲人们不要向敌人屈服。

吕宝兰留下的唯一遗物——军哨

王洪九恼羞成怒，将折磨昏死过去的吕其太、吕宝容父子身上绑上大石头，抛进了滚滚的沂河里。紧接着，又对吕宝兰下了毒手——对其处以死刑，于是便出现了文章开头的一幕。

被押赴刑场后，王洪九问吕宝兰招还是不招，吕宝兰看了看他，轻蔑地笑了笑，王洪九恼羞成怒，下令立即将其处决。在行刑的那一刻，吕宝兰咬紧牙关猛地举起手来，怒视着敌人的枪口，昂首呼喊革命口号："共产党万岁！"

一阵枪响，年仅23岁的吕宝兰倒在了血泊中。

2010年，山东省妇联在全省开展了"70年山东妇女杰出人物"评选活动，烈士吕宝兰与沂蒙母亲王换于、支前模范沂蒙六姐妹、乳汁救伤员的红嫂明德英一同入选，作为30名"70年山东妇女杰出人物"之一，她被誉为"刘胡兰式的女英雄"。

思考题

1. 吕宝兰面对酷刑，为什么能够展现出宁死不屈的勇气？
2. 作为沂蒙儿女，我们应该用什么方式表达对吕宝兰烈士的崇敬之情？

二、整山治水　艰苦创业

1

愚公移山的“好例”厉家寨

扫码听故事

新中国成立前，厉家寨人民长期生活在贫瘠多灾的山沟里。新中国成立初期，为了改变当地贫穷落后的面貌，时任厉家寨党支部书记的厉月坤，走山村、访农户、摸实情、谋对策，带领群众开山劈岭。从此，厉家寨人民以“一把镢头一张锨，敢教日月换新天”的豪迈壮举，一手修山、一手治水，在全国农业战线上，树立了一面光辉旗帜。走进新时代，学习和弘扬厉家寨精神，对于推动乡村振兴、全面建成小康社会，具有非常重要的时代价值和现实意义。

厉家寨群众火热的劳动场景

位于沂蒙山腹地莒南县坪上镇的厉家寨，坐落在三山、五岭、两河之间，自然环境非常恶劣。20世纪四五十年代，这里荒山秃岭，沟壑纵横，土地被山岭割裂得支离破碎。由于土地贫瘠，生产条件极差，厉家寨的人们常年过着饥寒交迫的生活。新中国成立初期，为了改变贫穷落后的生活，勤劳智慧的厉家寨人，拉开了大规模整山治水的大幕。

盘踞在三山五岭两河间的厉家寨

厉家寨因三面环山，恰似一座山寨而得名。厉家寨曾与山西大寨共同创造了中国的“两寨”现象。在躲避战乱灾荒的年代，这个宛如山寨的居所，成了厉氏家族最后的定居地。沐浴在阳光下，徜徉在山风里，村庄敦厚朴实，传统而富有活力，恰似一个传奇故事，充满了人们的想象和希望。

厉家寨地处山区，土壤贫瘠，水土流失严重，人均资源拥有量远不及全国平均水平。“早上菜，中午糠，晚上稀粥照月亮”是厉家寨人生活的真实写照，村里人缺衣少食，家家户户过着半年糠菜、半年粮的生活。因长期难以解决温饱问题，有些人直接逃荒到东北，剩下的村民多为雇工，即便是自家有耕地，但因为石多、土薄，粮食产量也很低。甚至有不少人家，常年靠讨饭为生，过着饥寒交迫的生活。

新中国成立前，厉家寨人民长期生活在贫瘠多灾的山沟里。新中国成立初期，为了改变当地贫穷落后的面貌，时任厉家寨党支部书记的厉月坤，走山村、访农户、摸实情、谋对策，带领群众开山劈岭寻找致富路。从此，厉家寨人民开始战天斗地、整山治水，不断书写着波澜壮阔的时代篇章。1957 年 10 月 9 日，毛主席对厉家寨整山治水的举措给予了高度肯定，并作出“愚公移山，改造中国，厉家寨是一个好例”的批示。厉家寨人民就是这样凭借“愚公移山”的精神，改造自己的家园。从此，“愚公移山，改造中国”这一口号响彻神州大地，在全国农业战线上，厉家寨树立了一面光辉旗帜。

让岭头搬家的厉家寨人

1942 年，厉家寨一带解放，虽然政治上不再受压迫，但是土地仍然掌握在少数人手里，大多数村民仍然过着半年糠菜、半年粮的穷日子。在穷山恶水、旱涝贫瘠的自然环境面前，村民的温饱问题得不到解决，更没有多余的财力来修缮破旧的房屋，每逢下雨，房屋里漏进雨水是常有的事。新中国成立后的一段时间里，许多人还存在“农业生产要靠天吃饭”的观念，并没有劈山填沟、改造农田的想法。

1951 年 12 月，为改变贫穷落后的现状，厉家寨人民积极投入到深翻土地的工程中。时任厉家寨党支部书记的厉月坤，带领群众开山劈岭，整山治水，经过一次次地实验、摸索，把1000 多块零星小地削整成 118 块大地。冬天寒冷时节，生产队不顾天寒地冻，劈山削梁，搬土填沟，仅 1956 年一年厉家寨就平整土地 2400 余亩，到 1957 年，厉家寨的粮食亩产达到500 多斤，提前 10 年实现了全国粮食发展纲要的目标，创造了山区粮食亩产的奇迹。经过几年的艰苦奋战，锄头刨断了 10 多根，石头搬出了好几百车，山沟里造出了“跑马田”。

到 1957 年，6000 多亩薄地基本上都深翻了一遍，耕地的难题克服了，但是，如何让山水入库，又成了当时面临的困难。随后，厉月坤带领干部群众上工地，以排山倒海之势奋战起来。一时间，男女老少齐参战，人人争先进，锄镐飞舞铁锨响，车推人拉如梭穿，肩挑人抬干得欢，汗流浃背不叫苦。经过一个冬春的苦战，在没有任何机械动力的情况下，厉家寨人民全凭双手和肩膀，一把镐头一张锨，车推人挑拼搏干，凿通了东西长 1500 多米的三道岭，迫使竖水横流，让雨水进入河道。这既解决了灌溉问题，又减少了雨水对土层的冲刷。厉家寨人民就是这样，凭借“愚公移山”实干苦干的精神，改造自己的家园，让山地岭头搬了家。

新时代改革创新的厉家寨精神

厉家寨人民整山治水、战天斗地的奋斗精神，得到了各级领导的充分肯定和高度赞扬。1957 年 10 月 9 日，毛主席亲笔批示：“愚公移山，改造中国，厉家寨是一个好例。”主席的批示，是厉家寨人前进的动力。进入新时代，当代“愚公”继续挖山不止，再谱新篇章。

20 世纪五六十年代，厉家寨人民在党的领导下，治山治岭，改河整地，开创了中国土地综合整治的先河，谱写了社会主义建设时期艰苦创业、敢为人先的瑰丽篇章。新中国成立 70 多年来，厉家寨人民以“一把镢头一张锨，敢教日月换新天”的豪迈壮举，一手修山、一手治水，用拼搏和汗水，终使山村旧貌换了新颜，而厉家寨人的奋斗精神也将代代相传。

自力更生、艰苦奋斗是中华民族兴家立业的传家宝，“三山五岭摆战场，两条河流做文章”是厉家寨人对这片穷山恶水最有力的回击。为开创社会主义伟大建设事业，1976年，身患重病的厉月坤躺在病床上，非常坚定地说：“我快好了，出院后，我要继续和大家一起把新愚公水库修好，把村庄规划好，腾出好地当菜园。”经科学分析，三面环山的厉家寨，土地富含多种矿物质，常年有山泉滋润，没有工业污染，非常适合大樱桃生长。村里建起了樱桃园，随着樱桃花开，四面八方的游人慕名而来，厉家寨探索出一条产业兴村、生态富村、民生安村的发展之路。如今，厉家寨围绕红色旅游综合开发，书写着新的传奇。

在新时代，厉家寨精神所折射出的愚公移山精神不但没有过时，而且在中国特色社会主义建设的伟大实践中，愈发展现出熠熠闪光的时代价值和现实意义。

思考题

1. 厉家寨精神是什么？它体现了什么品质？

2. 新形势下，弘扬厉家寨精神具有十分重要的现实意义，我们具体应该怎么做？

2

导沭整沂水利工程

扫码听故事

历史上，沂河和沭河流域经常发生洪灾，清朝和民国时期，水患更是频发。鲁东南解放后党和政府开始了对沂河和沭河的治理，治理时间从1949年一直持续到1953年，共进行了10期导沭3期整沂工程。导沭整沂工程的完成，减少了鲁南、苏北的洪涝灾害，对沂沭地区摆脱贫困、发展经济起了决定性的作用。

沂河全长386公里，沭河全长259公里，是流经鲁南和苏北的两条较大的河流。历史上，沂河和沭河流域经常发生洪灾。清朝和民国时期，水患更是频发，几乎一年一次，其中最严重的几次发生在1931年和1937年。当年水灾的时候，下游苍山县（现兰陵县）有的地方水深近一米半，群众即使坐在高高的城墙上，脚也能触及洪水。洪水给附近的百姓造成了巨大的损失，所以该区域在历史上一直属于多灾多难的地区。洪水频发，导致土地荒芜，附近的百姓只能被迫背井离乡，大批的人外出逃荒要饭，甚至鬻儿卖女。

山东省东南部和江苏北部一带解放时间较早，中国共产党早在1946年就基本上取得了对这一地区的控制权，所以从这一年起就担负起了对沂河以及沭河的管理职责。

1947年，政府编制了初步治理方案，方案认为治理沂河必须先完成导沭工程，只有这样才能彻底治理沂河、沭河，以及其下游泗河、运河的水患。1948年，治理方案最终确定。

从 1949 年 4 月 21 日导沭第一期工程开工，至 1953 年 11 月，共进行了 10 期导沭 3 期整沂工程。

沭河的治理时间开始于 1949 年，一共进行了 10 期，工程于 1953 年竣工。导沭工程主要是将沭河引入沙河，经沙河流入大海。这个工程由多个任务组成，比如需要开凿一条新的沭河，目的是把沭河和靠近大海的沙河连在一起，使沭河水通过沙河流入大海。导沭工程还需要营造拦河坝，拦河坝既能使流水量逐渐减少，又能满足流经地域的灌溉需求。沭河治理还包含建造溢流堰，以及修理沿岸的基础设施等。开挖新沭河还需要挖一条引河，引河长约 14.2 公里，这十几公里的引河有 8 公里需要经过马陵山。开挖马陵山段的引河工程调集了十几万名民工，用工最多，在所有导沭工程中工作量和工作难度都是较大的。导沭工程共包括 10 期，情况分别如下。

第一期：引河开挖工程和新沭河入海口筑堤工程同时进行。引河工程施工一段时间后，引河河道里出现了坚硬的石头，需要爆破，由于当时技术工具缺乏，工程被迫停工。此期工程共调集民工 10 万多人。

第二期：这一期工程主要任务是挖掘引河里的石方，调集民工 3 万多人。

第三期：这一期工程仍集中开挖引河石方，为了加快工程进度，尽快完成石方挖掘，调集民工比上期多一倍，达 6 万多人。

第四期：这一期是施工高潮期，包括数个工程，其中难度最大的是开挖马陵山引河石方，工程队充分发挥愚公移山改天换地的精神，劈开马陵山，建设了一条新的河渠。这期工程还包括修建新沭河建筑物，以及修建大官庄以上沭河河堤。此外也开始修建老沭河拦河坝和穿沭涵洞等。第四期工程施工段长达 100 多公里，调集民工最多，达 19.3 万人。

第五期：此期工程主要是挖掘土石方，共调集民工约 8.1 万人。

第六期：此期工程包括修筑新沭河和老沭河河堤，还包括修建沭河拦河坝，同时继续开挖新沭河。此期工程调集民工也较多，多达 15.8 万人。

第七期：此期工程任务较多，包括修筑新老沭河河堤，修筑沭河拦河坝，修筑临洪河坝堤，截弯临洪河，改道乌龙河，修建溢流堰（人民胜利堰）及开挖溢道土方等，共调集民工约 8.9 万人。

第八期：这一期主要包含新沭河挖掘工程，同时也包含岸堤建设工程。工程量仍然很大，调动民工多达10万人。

第九期：工程仍然是开挖新沭河，同时继续修建新沭河和老沭河岸堤等，共调集民工约3.2万人。

第十期：主要是导沭扫尾工程，包括开挖新沭河下游截水沟和修建筑物。

治水工地劳动现场

整沂工程于1951年4月开工，至1952年7月结束，共包括3期。工程核心是利用老沭河洪量减少的条件，开挖分沂入沭水道。其中整个工程的基础是河道的疏浚、培堤、护险工作。主要包括挖掘分沂河水入沭河的水道工程，疏浚工程，裁湾切滩，建筑沂河护堤等。

沂蒙人民在社会主义建设过程中仍然发扬吃苦耐劳的精神，组织上百万群众治理沂河和沭河，取得了辉煌的成绩，在共和国治水历史上写下了光辉的一页。10期导沭、3期整沂，历时4年又7个月，动员了几百万人次的民工，用原始的劳动工具，在临沂地区共开挖河道116.6公里，筑坝192公里，修筑建筑物75座，整险护岸10.3公里，动用工日2458.5万个，累计完成土石方4827.4万立方米。

导沭整沂工程既是宏伟和壮观的，同时又是艰巨的。此工程是在新中国成立之初，国家经济尚未恢复，物质和技术条件都比较困难的背景下进行的。在整个工程中，由于技术落后、缺少设备，完全是靠人工操作。英雄的沂蒙儿女，推着土车，挑着箩筐，拎起铁锨，扛着镢头等简单工具，带着干粮，奔赴治水工地。工地上各项任务都非常重，推车、打石窝等需要耗费很大的体力。与此形成鲜明对比的是生活条件非常艰苦，食物主要是煎饼、咸菜以及窝窝头等。大路上运送工程货物的车和马匹等，来来往往穿梭不断，工地上劳动号子如海潮般响亮，气势强大如惊涛拍岸，此工程写下了新中国治水实践中一页壮丽的篇章，让施工时来参观的中外专家皆感钦佩和赞叹，水利部赞誉此工程是“导沭整沂，水利先锋”。伟大的导沭整沂工程也吸引了当时众多著名人物，很多人来到工地指导、参观，其中就包括水利部部

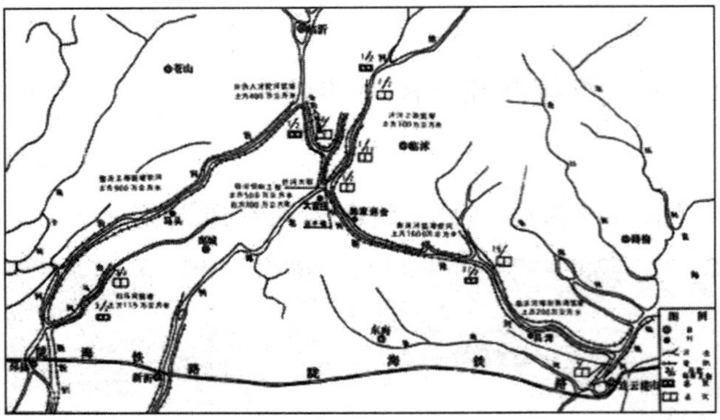

导沭整沂工程示意图

长傅作义和著名国画大师徐悲鸿等。徐悲鸿大师不但带领学生来工地参观体验生活，为工程作画，而且还高度赞扬了工程模范人物。

据统计，在导沭整沂工程中，涌现出了众多英雄模范人物，其中仅临沂地区就有1.5万多名功臣和劳动模范。工程的牺牲也是巨大的，先后有44名热血男儿献出了宝贵的生命，有370人因伤致残，失明者达数十人，有的人甚至完全丧失了劳动能力。

沂蒙治水英雄的付出，取得了巨大的经济社会效果。导沭整沂工程的完成，减少了沭河和沂河的洪灾，使鲁南和苏北1450万亩土地免于洪涝灾害的侵袭，为沂沭地区的发展奠定了良好的基础，这里的人民从此不再因洪水而离乡背井、逃荒要饭，逐渐过上了摆脱贫穷、安居乐业的日子。

思考题

1. 为何要进行导沭整沂工程？
2. 导沭整沂工程体现了沂蒙人民的哪些精神品质？

3

“千库万塘”锁“蛟龙”

扫码听故事

当看到下面这张照片时，你能否准确猜测出来照片上的人们在进行什么活动？可能有一定的难度。这张照片拍摄的是当时跋山水库清基时的场景，远处三排站的是女子打夯队，整个照片的中心是这台东方红牌拖拉机，因为在当时的工地上，最普遍的工具还是小推车、铁锨、水瓢等，这台拖拉机就是最先进的设备了。说到此处，你是不是更想了解这张照片背后的故事呢？

千库万塘工程，11 座大型水库、33 座中型水库、8801 座小型水库全部完工投入使用，用了不到三年时间，而且还是在技术设备如此落后，资金缺乏、物资紧张、施工条件险恶的情况之下完成的，靠的是什么？战争年代的沂蒙革命根据地，420 万人口，有 120 余万人奔赴战场支援前线；新中国还未成立就开始动工的导沭整沂工程，沂蒙人民出工也是 120 万人次。这样惊人巧合的两组数字，大家可以从中感受到什么？

拖拉机和人力同时压坝

人民，只有人民，才是创造历史的真正动力！

沂蒙人民在这一系列水利建设工程中，就像战争年代拥军支前一样，要人出人、要物出物，把国家的事当成自己家的事，为我们诠释了沂蒙精神中对家国关系最真挚、最朴实的情感。导沭整沂和洪水东调工程，共有200多万名民工参加，他们都是来自老解放区的翻身农民，一半以上参加过战时的支前工作，其中支前模范就有1万多名。陈毅同志曾说过，沂蒙人民用小推车把革命推过了长江。那我们也可以说，新中国成立后，沂蒙人民继续用小推车推出了治淮工程的伟大胜利。整个千库万塘工程，国家投资只占25%，其余全部靠地方自筹资金。实施工程这三年，也是我们国家最困难的时期，老百姓自己的日子都过得捉襟见肘，可他们还是听从党的号召，全力支援工地建设。工程中最困难最艰苦的清基工作，都是在寒冬腊月进行的，唯一的劳保产品只有白酒，就算是年轻的女孩子也能瞬间化身钢铁战士，几口酒下去就跳进冷水里施工作业。千库万塘工程最高峰时有300万人上阵，累计投工3亿个，百万名民工夫妻并肩、父子同行、兄弟携手在水利战场上流血流汗，冲锋陷阵，完成了沂蒙水利史上这一空前绝后的壮举。还是这些文化水平不高的民工兄弟们，在辛勤劳动的同时还琢磨发明了很多土办法、新工具，就为了能加快工程进度。当时水利电力部一位司长来视察的时候都称赞他们创造的一些土办法具有“国际水平”。正是靠着这种精卫填海的执着、愚公移山的坚持和夸父追日的勇气，才实现了一个又一个史无前例的水利奇迹。

毛泽东曾说：“人民群众有无限的创造力。他们可以组织起来，向一切可以发挥自己力量的地方和部门进军，向生产的深度和广度进军，替自己创造日益增多的福利事业。”现在的我们，比历史上任何时期都更接近实现中华民族伟大复兴的目标，只有相信人民、依靠人民，才能把我们的事业推向前进。

在沂蒙数十年整山治水的过程中，有10万余名共产党员，2万多名干部，6000名工程技术人员，在带领群众为了更加美好的生活向山河开道的过程中，身先士卒，率先垂范，用自己的实际行动树立了党的光辉形象。这10万余名党员中，90%都曾经参加过抗日战争或解放战争，有3万多人曾在战争中立功受奖，为我们民族的独立和人民的解放事业立下了汗马功劳。可他们并没有躺在功劳簿上享受荣光，而是响应党的号召，从为人民求解放的战场转身走向了为人民谋幸福的新征程。

基槽挖至14米处，数百个泉眼喷涌如柱，上百部抽水机集中抽水，积水仍1米多深。大家奋不顾身跳进齐腰深的水里，奋勇搏斗

杨雷就是这样一位老战士，他1938年10月加入中国共产党，曾经担任八路军山东纵队二旅独立团的指导员。这样一位老革命，在新中国成立后的水利战场上重新迸发出巨大的能量。杨雷曾在著名的大青山突围战中身受重伤，健康状况并不好，可他每次参加抗洪抢险从来都是带头跳进水里。作为一名老革命，他并没有高高在上故步自封，而是每天为了搞好科学施工，和技术人员、工友们一起动脑筋搞技术创新，推动技术攻关，老革命的作风始终如一。

还有一位党员名叫贾付昌，他当时是费县新庄营的副营长，因为多次参加导沭整沂工程，积累了丰富的施工经验，工友们都叫他“贾顾问”。在第九期东调工程施工时，他是放炮指挥员。有一次炮手失误，把点烟信号看成了点炮信号，这边导火索滋滋地开始冒火花，那边民工们还没有撤离，眼看一场惨重的事故就要发生。就在千钧一发的危急时刻，贾付昌冲了过去，一把拔出了就要烧完的导火索。事后大家问他，你不怕吗？他笑笑说：“说不怕是骗人的，那是马上要爆炸的炸药啊，可我是共产党员，这种时候就得往上冲。”

从导沭整沂到洪水东调，从千库万塘到南稻北移，这10万余名党员、干部、技术人员，和民工兄弟们同吃、同住、同劳动。工棚搭好了，让一线的民工们先住进去；粮食供应出现困难，自己饿着肚子，先让民工们吃饱饭；白天和民工们一样泥一身汗一身地干活，晚上还要开会、调度、编制施工计划。冰天雪地里，总是他们第一个跳进冰冷的河水施工操作；遇到难度最大、风险最多的地段，也是他们冲锋在前，把生存和希望留给别人，把危险和死亡留给自己。正是党员、干部这种关键时刻冲得上、顶得住的行动，极大地带动和鼓舞了广大群众的斗志，使整支队伍爆发出强大的战斗力。群众都说，党员干部能搬石头，我们就能搬山头；党员干部流一滴汗，我们的汗水就能流成河。所以新中国第一任水利部部长傅作义同志到导沭整沂工地视察时，才会深有感触地说："在极短的时间内，动员了如此多的人民群众，参加如此大规模的水利工程，这在旧中国是根本无法想象的。只有在新中国，在共产党、毛主席的领导下，导沭整沂才会变成现实，害河才会变成福河！"

习近平总书记说过："办好中国的事情，关键在党，关键在人，关键在人才。关键在党，就要确保党在发展中国特色社会主义历史进程中始终成为坚强领导核心。关键在人，就要建设一支宏大的高素质干部队伍。"正是这些普普通通的党员身先士卒，带领人民迎难而上，才创造出沂蒙人民战天斗地改造山河的壮举。正是那句话：志士担当，乃有事功。

思考题

1. 什么是千库万塘工程？

2. 在了解千库万塘建设的艰辛历程后，你从中看到沂蒙人民身上具有哪些宝贵的精神品质？

4

乡村振兴的“齐鲁样板”

扫码听故事

王家坊前人民以毛主席的批示为动力，发扬合作共赢、敢为人先的光荣传统，努力建设家园，积极发展农副产业，有力地推动了坊前镇的经济发展。重视教育，重视学习，是高家柳沟村的鲜明特色，“记工识字班”精神鼓舞着一代又一代高家柳沟人奋力拼搏，始终走在农村建设发展的前列。王家坊前村和高家柳沟村在推进美丽宜居乡村建设中，正在努力打造乡村振兴的“齐鲁样板”。

新建农业生产互助社的社员代表

新中国成立初期，沂蒙山区自然条件较差，粮食产量极低，沂蒙人民为改善贫穷落后的生活，克服每家每户种地困难，纷纷成立了互助合作生产组。当时人们的文化水平普遍较低，这给以后兴办合作社带来很大麻烦，为解决识字少、记账难的问题，各地纷纷成立记工识字班。沂蒙人民不断探索，敢于实践，树立了全国农业合作化建设的典范。

王家坊前：互助合作社走出共同致富路

王家坊前人民素有自力更生、敢为人先的开拓精神。1953 年，该村王同昌以及复员军人张三善、史明松 3 位党员，带领 15 户农民，响应国家“走合作化道路”的号召，办起了初级农业生产合作社。办社之初，由于生产条件极其困难，并且大多数人认识不充分，有些农户家里条件稍微好点，有耕畜和农具，就担心共同办社自己吃亏，因此这些农户并不想加入合作社。而一些贫困户家里条件很差，吃住问题都很难解决，经常缺这少那，即便让他们凑在一起，也难以进行合作生产。但是王同昌他们认为：共产党员就是为老百姓谋幸福的，要把百姓利益放在心中最高位置，把帮助和解救贫苦人民作为共产党员的责任和义务。于是，他们为了增加贫困户的收入，积极吸纳有能力的贫困户入社。

1954 年春耕时节，社员们遇到了很多困难。春天本该是播种的季节，可是社里缺种子、少农具，并且生产资金严重不足。眼下耕种问题很难解决，王同昌便组织社员们共同商讨解决办法。大家一致认为，新中国刚成立，经济建设任务重，困难多，不能向国家伸手要钱，应该发动社员们投资，自己解决问题。于是，社员们团结一致，发挥集体优势，有钱的出钱，有力的出力，社长王同昌带头省吃俭用，并把积攒下来的 100 块钱全部投到社里，复员军人史明松也拿出自己的复员安家费。就这样，很快解决了物资困难，春播生产也得以顺利进行。这年秋天，粮食获得了大丰收，每户社员分的粮食也增加了一倍。

农民看到了合作社的好处，纷纷要求入社，合作社成员越来越多，大家也都拿出自己的生产资料，耕畜和农具随之增加。王家坊前村的新建社在全国各地获得了较高声誉，合作化道路得到巩固和发展。1955 年秋，全国农业合作化搞得热火朝天，王家坊前村由开始的三个初级社，合并成了一个高级社，所有的单干户都入了社。农业合作社的规模越来越大，农村集体经济得到迅速发展，社员的收入不断增加，生活水平也逐年提高。社员王同山家在办社前是村里有名的困难户，缺吃少穿，入社后分的粮食吃不了，她逢人就说：“托共产党、毛主席的福，才过上好日子，要是没有共产党的领导，要是没有合作社，俺们早不知冻死饿死在哪个山沟里了。”

王家坊前村建立农业合作社，采取社员投资投物的办法，解决了春耕时生产资料不足的难题，并取得了很好的成效，这一做法得到了上级领导的关注和肯定。不久，山东省委农村工作部部长专门到王家坊前村调查情况，核实后将其作为典型材料，给毛主席做了汇报。毛主席看了这个材料，认为很有典型意义，当即作了亲笔批示，号召在全国大力推广这一经验。

王家坊前村建立互助合作社，社员自力更生、勤俭办社的经验，在全国农业合作化道路上，起到模范带头作用。而如今，王家坊前村各项工作之所以都能走在时代前列，凭借的是合作优势、集体力量，制胜法宝依旧是自力更生、敢为人先的开拓精神，以及苦干实干、合作共赢的创新精神。王家坊前人尝到了互助合作带来的实惠，相继建起了石雕石刻合作社、石竹茶生产合作社、花生米加工合作社等，村集体经济不断壮大，村民收入逐年增加。王家坊前村在建设经济强村的同时，还不断创新红色文化发展，修建毛主席光辉批示展览馆，让红色血脉代代相传。从新中国成立初期的互助合作社，到现如今共同致富的小康之路，王家坊前村就如石刻厂雕刻出的雄鹰，正带着勇气和希望展翅高飞。

高家柳沟：记工识字班谱写乡风文明曲

新中国成立初期，全国大力开展农业合作化建设，可当时人们的文化水平普遍较低，文盲也不少，这给农业合作社的开办带来很大困难。再大的困难也有解决的办法，莒南县高家柳沟村团支部，组织社员创办了农民记工识字班。

20 世纪 50 年代，农业合作社开展得如火如荼，但是村里找不到识字的记账员，记工时只能选择最原始的办法，即画圈圈、画杠杠，当画圈、画杠也不能准确表达意思时，就找村里记性好的社员帮忙想着。但是时间一长，不但想的忘掉了，而且也记不清楚“圈”“杠”要表达什么意思了，最后便成了一堆糊涂账。“工分、工分，社员的命根儿”，在那个年代，社员们都指着它过日子，账目出了错，社员们当然不愿意。

为解决记账难的问题，在农业合作社建设的关键时期，高家柳沟村的青年团支部，向社委会提出了组织青年学文化的建议。于是，在党支部的支持下，青年团创办了记工识字班。白天劳动之余，在田间地头组织青年农民认识汉字，晚上吃过饭，在厨房里组织大家学文化。为了让社员尽快学会汉字，掌握记账方法，团支部决定从本村的人名、地名、农活名、农具名等常用汉字学起。平时说什么、用什么，就学什么，并总结一些识字规律，便于大家学习识记。晚上没有灯，就榨松树油做灯油；没有纸和笔，就用树枝在地上写字，用瓦片做黑板；没有课本，想到哪里就学哪里；也没有固定的教室，谁家有地方就在谁家学习。社员们坐着小板凳，趴在锅台、炕沿上学习。虽然条件很艰苦，但社员们凭借一股学习的热情，硬是坚持下来。

高家柳沟村创办的记工识字班，解决了当时合作社里人员缺文化、记账难的问题，对农业合作社的巩固和发展起到了积极的推动作用。记工识字班的事迹材料很快出现在各大报刊要版中。识字班的创办和发展也备受各级领导关注和倡导。1955年12月，毛主席对记工识字班这一经验，作出重要批示，称赞“高家柳沟青年团做了一个创造性的工作”。自此，全民学文化的热潮迅速高涨起来。

经历了岁月的淘洗，高家柳沟村始终继承和发扬识字班精神，以新鲜事物带动效应，发展乡村新兴产业，不断加大教育投入，鼓励一代又一代人艰苦创业、奋勇前行。忆往昔岁月，简陋的土坯房里传出朗朗读书声，还有识字班里广为流传的《月芽河之歌》。极目远眺，高家柳沟村在这片红色文化沃土的滋养下，将在乡村振兴的发展道路上再绽夺目光芒。

思考题

1. 王家坊前人民发扬艰苦奋斗、合作共赢的光荣传统，有力地推动了坊前镇的经济发展，这对我们有哪些启示？

2. 新时期营造良好的教育环境，我们该如何发扬高家柳沟村“记工识字班”精神？

三、以人为本　建设新城

1

“沂蒙璀璨明珠”九间棚

扫码听故事

什么是不畏艰难、实干苦干？什么是无私奉献、坚韧不拔？什么是团结奋斗、艰苦创业？这里说的就是九间棚，一个国家级森林乡村，它凝聚着沂蒙人民的聪明才智，浸透着沂蒙人民的辛勤汗水，成就了战天斗地、改山治水的沂蒙传奇，锻造出“团结奋斗，顽强拼搏，坚韧不拔，艰苦创业”的精神品质，彻底改变了当地贫穷落后的面貌。

九间棚精神的发源地是位于平邑县天宝山风景区内的九间棚村，这里历史文化悠久，景色十分优美，无论是自然风光还是人文精神，在国内都有着极高的知名度。其旧址是一座长 30 米，深 10 米，高 3 米的巨大天然石棚，里面有石龙、石虎、石牛等多种自然景观，除了独特的自然风光，九间棚还有一段苦涩的发展史。传说在乾隆年间，一户人家为了躲避荒乱，在逃亡的

九间棚旧址

路上发现了这里，这里的石棚为他们提供了可遮风避雨的天然居所，天然的山泉为他们提供了便利的饮水，还有可供生活需要的石器和木材。后来，随着人口的逐渐增加，人们把原来的石棚隔成九个，就有了“九间棚”这个名称。

除了优美的自然风光，该村艰苦创业、无私奉献的九间棚精神更是闻名全国。由于独特的地理位置，九间棚村四面悬崖，山高涧陡，村民生活条件十分艰苦。直到 20 世纪 80 年代，九间棚村党支部不甘于贫穷落后、不甘于居住在祖宗留下的 9 个洞穴里，带领全村 177 个劳力开始了架电、修路、整地、栽树的治穷工程。没有电就没有发展的动力，而架电需要大量的资金支持，勤劳的九间棚人通过卖羊卖猪卖粮食，勒紧腰带，筹集资金 1.5 万元，用来购买必需的电力设备和工具。设备工具有了，但如何越过这蜿蜒崎岖的山路，将重达 1800 斤的水泥电线杆运到山上，成为他们面临的新问题。迫于当时落后的条件，九间棚人硬是用自己的肉体身躯，在 20 天的时间里，把电线杆抬到了山上，成功地迈出了第一步。在筑路上，九间棚人凭着艰苦创业的精神，将本应该用 5 年时间完成的道路铺设工作，仅用 5 个月就完成了。这期间，他们工作中自备煎饼开水，没有向国家要一分钱，绝壁穿石，开山辟路，打造了一条致富路。在水利治理上，九间棚人实现了高山水利化，治理了 2100 亩山滩，整治 450 亩耕地，栽植水土保持林 8 万亩，人均果树 120 余棵。经过 6 年的不懈奋斗，九间棚人民用自己的亲身经历，书写出艰苦创业、无私奉献的九间棚精神，奇迹般地把原来贫困落后的村子变成新时期的典范村。

俗话说：“火车跑得快，全靠车头带。”九间棚的巨大变化离不开好书记刘嘉坤的带领。20 世纪 80 年代，他带领广大村民开山引水，架电修路，自力更生，彻底改变了这里贫困恶劣的生产、生活条件，带领群众奔上了小康路。到 2005 年，九间棚人紧跟时代步伐，把握机遇，加快发展，实现村民人均收入 6600 元，比当地农民人均收入高出 3000 多

九间棚盘山公路

元。随后，刘嘉坤又把目光投向了金银花栽培，依托平邑县“中国金银花之乡”的独特优势，做大做强金银花产业。他邀请中科院专家联合研发，创新“良种研究选育——育苗推广种植——干花购销流通——药品食品研发生产”的金银花全产业链模式。最终在专家的指导帮助和企业的努力下，先后选育了花蕾期长、易采摘、产量和药效成分高的“九丰一号”“北花一号”等金银花新品种，彻底改变了数千年来金银花开花两三天就凋谢的传统特性。同时，还开发出多个附加值高的产品，投资打造了山东新大陆制药有限公司，可生产 8 个剂型 67 个中成药品种，以及 68 个西药品种，2020 年产值超过 10 亿元。

在新时代，九间棚村又规划并建设了九间棚田园综合体，助力乡村振兴。按照规划，九间棚田园综合体以实现“村庄美、产业兴、农民富、环境优”为目标，以“三产深度融合、三生同步改善”为引领，以沂蒙精神艰苦奋斗的模范典型九间棚和红色基因传承为文化内涵，以现代农业，金银花、黄梨、山楂、苹果、黄桃等果树种植为基础，以“中国罐头第一镇”——地方镇的农产品加工优势、山东省电子商务示范县和京东云仓的流通优势为依托，以核心区旅游业为引擎，通过“企业 + 基地 + 农户”的发展模式，构建集现代农业、文化旅游、乡村度假、山地休闲、田园观光、体育康养、创意农业、有机农场、电商物流、教育培训等多业态为一体的田园综合体。

九间棚人民凭借咬定青山不放松的韧劲和坚韧不拔的拼搏精神，让昔日穷山恶水的峰顶旧村蜕变成风景秀丽、桃红梨白、地肥农富的社会主义新农村，更是培育了“团结奋斗，顽强拼搏，坚韧不拔，艰苦创业”的九间棚精神，让九间棚不仅成为镶嵌在沂蒙大地上的一颗耀眼的明珠，更成为沂蒙山人心目中永不褪色、催人奋进的精神丰碑。据不完全统计，自 20 世纪 80 年代后期，全国各地的干部、群众逾百万人先后登上龙顶山，学习九间棚人的创业精神。不仅如此，以九间棚为原型的各种文化艺术形式作品也在全国各地如火如荼地进行展览，使九间棚精神成为全国人民心中的一面旗帜，深刻诠释了共产党员不忘初心、牢记使命的理想信念，体现了共产党人不畏艰险、实干苦干的优良作风。

当前，我国社会主义现代化建设进入新时期，我们虽任务艰巨，但使命光荣。在新的历史时期，我们不仅要重温九间棚的历史，学习九间棚艰苦创业精神，更要从中汲取拼搏奋进、攻坚克难的动力，发扬九间棚人“排除万难，敢教日月换新天”

的英勇气概，真正把人文精神力量转化为实际工作的动力，不负韶华，勇于拼搏，为实现中华民族伟大复兴的中国梦不懈奋斗。

思考题

1. 九间棚体现了什么精神品质？
2. 结合自身实际，谈谈作为大学生的我们应该如何继承和发扬九间棚精神？

2

时代楷模朱彦夫

扫码听故事

他，一位失去四肢的村党支部书记，一位保家卫国的人民英雄，一位身残志坚的时代强者，这个人就是“中国的保尔·柯察金”——朱彦夫。少年时，从军卫国，血染疆场；退伍后，拖着重残的躯体建设家乡，他用刚强的毅力和家国情怀书写着自己的传奇人生，不畏艰辛，向自己挑战，向人生挑战，向命运挑战。当代大学生担当着民族复兴的历史重任，更要深刻学习朱彦夫的“极限人生”精神，并将之转化为自身不懈奋斗的精神动力，用实际行动展现当代青年的风采。

朱彦夫

1933 年，朱彦夫出生在人杰地灵的沂蒙山腹地，贫苦的生活条件让他从小就养成了吃苦耐劳的品质，舞勺之年就参加了革命队伍，1949 年便正式成为一名光荣的共产党员。朱彦夫先后参加了淮海战役、渡江战役和抗美援朝战争，他不怕流血牺牲，英勇作战，为最终的胜利不懈奋斗。然而，朱彦夫的人生在朝鲜战场250高地争夺战中彻底发生了改变。当时天寒地冻，气温更是降到了零下30℃，没有先进装备的战士们硬是与敌方两个精锐营进行了殊死的搏斗，成功地打退了敌人一次次进攻，直到最后一颗子弹打完，最后一丝力气用光，全连的战士几乎都牺牲了，阵地上只剩下一个遍体鳞伤的人。他头部中弹，胸部、腹部受重伤，昏迷中，口渴如焚的他竟将自己被炸出挂在脸上的左眼球吞进肚里，他就是朱彦夫。

就这样，三个月后，朱彦夫终于从漫长的昏迷中醒来。在这次战斗中，他的双腿和双手永远留在了战场上，左眼也失去光明，右眼视力模糊。他悲痛欲绝，号啕大哭，对医生说："为什么要救我？没脚，没手，一只眼，我活着还有什么劲?!"看到自己这般模样的朱彦夫时刻都在想怎么自杀，他翻到地上，滚到桌前，挣扎到伤口撕裂，鲜血淋漓，当他爬到窗前正要翻身跃下时，被一个病友拽了下来。医院马政委大发雷霆，指着他说："朱彦夫，你没良心！你死了，对得起牺牲的战友吗？对得起给你治疗的医生、护士吗？你知道为抢救你输了多少血吗？你这软骨头！你还算个党员吗？你是举起拳头宣过誓的人，举过拳头……"话音未落，只见朱彦夫举起残臂，哆嗦着嘴唇："我没有拳头了啊！"两个军人相拥而泣。马政委说："咱没有拳头，还有心！"当再次提起这段对话时，已经白发苍苍的朱彦夫淡淡地说："说句大实话，如果我不是党员，忘记了举拳头，器官早就萎缩了，精神早就崩溃了。我老朱心里要不是装着党，装着共产主义，早就死了。是党救了我，我不爱党行吗？"朱彦夫在战场上是个勇士，在失去四肢和一只眼睛后，面对极其困难的生活条件，他依旧是个强者。为了不给国家添麻烦，为了减轻带给他人的负担，他毅然决然地回到了自己的家乡，决心依靠自己生活，挑战生命的极限。

朱彦夫回到家乡后才知道，由于物资匮乏，乡亲们依旧过着贫苦的生活，连基本的吃饭问题都很难解决。残酷的现实让他深深感悟到：贫穷才是他们最大最凶恶的敌人！他那一颗被泪水煮过的心又开始激烈地跳动起来。然而，在如何带领村民摆脱现实困境的道路上，朱彦夫要走的第一步就是如何实现生活的自理，这是他此刻面临的最大挑战。为此，在回乡后的八个月里，单单吃饭一项，朱彦夫前前后后练习了成百上千次，砸碎的饭碗，摔坏的菜碟盘子以及喝水的茶碗加起来就有200多个，因摔伤、冻伤需要用药，平均三天就要治疗一次，而这只是普通生活的一小部分。但他从未放弃，凭借顽强的意志和坚持不懈的精神与命运进行激烈斗争。正如弗洛伊德曾经说过的那样：“人生就是一场生存本能与死亡本能不断搏战的过程。”这是一个艰苦卓绝的过程，只有坚持下来，才能成为最终的胜者，而这个人就是朱彦夫！

1957年，朱彦夫所在村子共有8名共产党员，经过大家讨论，一致认为朱彦夫最适合做村党支部书记，就这样，朱彦夫几十年的党支部书记生涯就此开始。起初，朱彦夫拄着拐，拖着17斤重的假肢，跋山涉水，到地里田间查看生产状况，挨家挨户察民情、体民恤。经过一番深入的调查研究，朱彦夫看到了村子的发展方向，一个村里人从没想过的大工程在朱彦夫的脑海里浮现出来。现在，残臂、假肢和失明的眼睛已经阻挡不了他前进的步伐了，他趴在山间，跪在地头，躺在田里，改水架电，带领村民历经千辛万难，把原本光秃秃的荒山野岭变成了满是果树的果园，原本贫瘠荒凉的土地变成了郁郁苍苍的沃土良田，原本蜿蜒崎岖的山路变成了平坦宽阔的人间大道，原本暗淡无光的村落变成了家家灯火通明的幸福乡村……朱彦夫以对“使命”的执着、对命运坚韧的抗争，以悲壮的形式，超越自我的人生极限，谱写了一曲共产党人自强不息、无私奉献的壮丽凯歌。昔日的枪炮轰鸣声早已远去，萦绕在朱彦夫耳边的是家乡人民丰收的喜悦，是家家户户幸福的欢笑声，勤劳朴实的沂蒙人民用自己的实际行动创造出了新的时代旋律。

1987年，时任济南军区政治委员的迟浩田同志，看望了朱彦夫，鼓励他把当年在战场上的亲身经历和中国军人英勇作战的事迹写下来，把他重残后信念不倒、意志不减的精神写出来，以缅怀先烈，教育后人。不光是老首长的鼓励，还有接触过、受他鼓舞的众多同志们，也都希望他能够写书。已经从党支部书记岗位退下来的他心中又燃烧起一团烈火，这熊熊烈火定会锻造出一个伟大的钢铁巨人，定会谱写出震古烁今、荡气回肠的英雄史诗。

朱彦夫、陈希永夫妻俩与士兵们合影

当人们听到朱彦夫

要写书时，有些质疑声出现了，毕竟身体重残的他看书都有困难，想要写书更是堪比登天。那么面对重重困难他坚持下去了吗？答案是必然的。虽要付出常人十倍、百倍、千倍的艰辛，但曾经面对山穷水尽的绝境他都不曾退缩，今天更不会向困难低头。这一决定，注定了这是一次前所未有的写作！就这样，朱彦夫用牙咬着笔和残臂夹着笔交替写作，天热时，口中的涎水，头上的汗水，磨破的残臂上的血水，湿透了稿纸；天冷时，冻麻的四肢，夹不住的笔，让他书写半天才发现没写上一个字；思考时，他常常废寝忘食，经常一两天不吃不喝；为了准确表达，文章中的一字一词，他搬来字典、词典一查就是半天，光字典就翻烂了四本。就这样，七度春秋，七易其稿，最终一部饱含热血、饱含激情、激荡着共产党人浩然正气的生命之作——33 万字的《极限人生》完成了。迟浩田上将亲笔题写书名并题词：“铁骨扬正气，热血书春秋。”

这么多年过去了，他的英雄事迹生动地诠释了共产党员为民服务、刚正不阿的价值追求和崇高形象，是社会主义核心价值观的生动表达。他的精神令人震撼，使人肃然起敬，能够让人在与他的比照中，开始校准自己的人生坐标。这是一种具有时代价值和凝聚力的精神，它不受时间的约束，不受地域的限制，会永远放射出璀璨的光芒。

思考题

1. 结合朱彦夫生平事迹，谈谈作为大学生的我们应该如何面对人生挫折？
2. 朱彦夫身上体现的精神品质有哪些？谈谈你的感悟。

3

“最美兵妈妈”朱呈镕

扫码听故事

虽然不是军属，但朱呈镕却对军人有一份特别深厚的感情。她坚持拥军近20年，有5000多名士兵喊她“兵妈妈”。她常说的一句话是，拥军永远不退休，拥军永远不下岗，生命不息，拥军不止。

朱呈镕

她是临沂一名普通女子，坚持拥军近20年，有5000多名士兵喊她“兵妈妈”。她常说的一句话：“拥军永远不退休，拥军永远不下岗，生命不息，拥军不止。”她就是闻名遐迩的山东朱老大食品有限公司党委书记、总经理朱呈镕。

朱呈镕公司的主业是生产“朱老大”牌系列水饺。说起自己的拥军故事，朱呈镕说自己当时准备做水饺生意，一开始家人反对，后来听说东北吉林的一家企业饺子做得好吃，为让家人尝一下，不再反对自己做水饺，她用卡车从吉林运了5吨水饺回临沂，路上车翻了，水饺散落一地，就在朱呈镕非常着急的时候，一群战士跑过来帮朱呈镕把水饺装上车。为了感谢他们，她给战士们卸下了一部分饺子，看到他们高兴的样子，朱呈镕心想：“战士们能吃到饺子就这么高兴，我要把更多的水饺送给部队！”从此她就带着自己的饺子和鞋垫走上了拥军路。虽然不是军属，但朱呈镕却对军人有着特殊的感情。她坚持拥军近 20 年，不管是八一建军节还是大年三十，不论是零下 40℃的冰天雪地还是零上 40℃的高温酷暑，她跋涉几十万公里，300 多次慰问部队官兵，送去 8 万多双鞋垫、900 多吨水饺，累计捐款捐物达 1000 余万元。她用实际行动表达了沂蒙人民对党、对国家、对人民子弟兵的无限忠诚和无私大爱。不光在物质上拥军，朱呈镕还经常到部队作报告，累计达 400 余场，她把沂蒙红嫂的故事讲给战士们听，大力弘扬沂蒙精神。

2020 年 2 月，朱呈镕为奋战在武汉抗疫一线的官兵送来 20 吨速冻水饺

2003 年“非典”暴发，在得知北京小汤山医院的一名女护士还没吃完一份没有菜的盒饭就牺牲之后，朱呈镕当时就心疼得落下了眼泪，决定捐送水饺。她不顾个人安危，辗转来到北京小汤山医院，为奋斗在抗击“非典”一线的医护人员和广大官兵送去了 5 吨水饺。2020 年 2 月 2 日凌晨，一辆装满速冻水饺的货车，带着沂蒙老区人民对子弟兵的鱼水深情，顺利抵达了武汉。沂蒙新红嫂朱呈镕带着 20 吨水饺，经过 14 个小时的长途跋涉，沿着临沂到武汉开辟的绿色通道抵达湖北省军区，把水饺捐赠给武汉抗疫一线的人员。朱呈镕还给火神山医院的子弟兵们送上手工鞋垫，大家都亲切地叫她“朱妈妈”。

自 1997 年以来，朱呈镕坚持看望沂蒙红嫂，共资助老红嫂、老红军 20 多人。朱呈镕跟她们聊家常，给她们洗脸梳头，照顾她们的生活，在这些老红嫂的眼里，朱呈镕比亲女儿还亲。2011 年，她亲自组织“沂蒙六姐妹”伊淑英等 9 位新老红嫂，历时 3 个月，绣制了带有“永远跟党走”字样的 90 平方米巨幅党旗，并专程送到北京天安门国旗护卫队，献给党中央。500 多名武警战士在人民英雄纪念碑前，面对巨幅党旗进行了庄严宣誓。在拥军的过程中，朱呈镕与人民子弟兵结下了深厚的感情，认了 5000 多个“兵儿子”，这里边既有现役军人，也有退伍还乡的复转军人。

连续7年，她都是在部队跟“儿子们”过春节，亲手给他们煮饺子。朱呈镕用近20年的拥军行动谱写了一曲平凡人的不凡赞歌，给社会、员工、家人留下了一笔丰厚的精神财富。

朱呈镕2004年被评为山东省爱国拥军模范；2008年被评为山东省优秀共产党员；2011年被评为山东省十佳兵妈妈、山东省三八红旗手；2015年当选“2015《中国双拥》年度人物”；2020年被评为全国三八红旗手。

思考题

1. 朱呈镕为何被誉为“最美兵妈妈”？
2. 我们应如何向“最美兵妈妈”朱呈镕学习？

4

新时代企业家楷模赵志全

扫码听故事

怎么才能办好企业？办好企业究竟为了谁？企业家的价值在哪里？赵志全，这位中国制药行业的巨子，一位土生土长的沂蒙汉子，一名优秀的共产党员，用他57年的人生为我们写下了答案。

赵志全

赵志全，鲁南制药集团原董事长、党委书记、总经理，1956年出生于山东省费县的一个农村家庭。1982年，他从青岛化工学院（现青岛科技大学）毕业回到了临沂，在当时的郯南制药厂参加了工作。

虽然只是个普通的技术员，但他勤奋上进、敢想敢干，总憋着浑身的劲，想干出点样子来。可是制药厂不景气，生产经营状况越来越差。面对这种境况，赵志全总是琢磨两个问题：厂子为什么经营不好？怎样才能好起来？

1987年，临沂市落实承包经营责任制和厂长负责制改革。濒临倒闭的郯南制药厂，成为临沂地区第一个被公开招标承包经营的试点单位，这在临沂是破天荒的。

听到这个消息，赵志全喜不自胜，顿时感觉多年的苦苦思索和积累终于找到了一个突破口。

年仅30岁的赵志全经过充分准备，在四位竞标人中脱颖而出，接手了这家净资产只有19万元，原材料仅能维持3天，只能生产葡萄糖注射液等普通医用药物的制药厂。据当时负责临沂地区承包经营领导小组的成员付强回忆，当时和赵志全一起参与竞标的另外三人提出的目标都是扭亏，而只有赵志全敢提出不仅要扭亏，还要在当年实现40万元的利润，并承诺用4年时间，完成总产值1000万元、净利润120万元的经营目标。正是这过人的胆识和郑重的承诺，使得在最后的投票中，厂里的职工对他的支持远远高于其他三位竞标人。

赵志全能力挽狂澜吗？这个从沂蒙山区大山深处走出来刚刚大学毕业5年的年轻人，会带领全厂职工走向何处？有人期盼，也有人观望。赵志全从中标的喜悦中冷静下来，开始思考如何兑现自己的承诺，他感觉一个新的时代将要来临。

新上任的赵志全针对企业长久以来存在的一系列弊病，开始了大刀阔斧的改革。为了激发员工的斗志、搞好内部团结，他力推人事、劳动、分配三项制度改革。他打破制度界限，搞活了体制机制：从生产一线中选拔了一批德才兼备的青年人才充实到管理岗位；对企业进行“消肿”，压缩人员编制，精简机构，对全厂中层实行聘任制；根据劳动条件、工作难易程度、产品质量制定了新的薪酬制度等。这在当时引起了不小的轰动，但同时也极大地调动了广大职工的生产积极性。

“回想起那段日子，真是既令人振奋又刻骨铭心。”赵志全感慨地说道，“当时竞标只有一个坚定的信念，想让所有的员工都能过上好日子。但在改革中有很多人不理解，冷言嘲讽，写匿名信告状的都有，遇到了很大阻力。虽然改革的道路走得很艰难，但开弓没有回头箭，我就认一个理，不改革一定是死路一条。”

上任后，赵志全一方面破除以前药厂的旧体制；另一方面，他开始认识到仅凭生产几种普通的药剂和注射液，市场狭窄，利润微薄，很难救活药厂，这也是企业陷入困境的原因之一。

紧接着，他开始更新产品来扭转困局，当时的鲁南制药研发药品的科研力量还不是很强，他就四处奔波于国内各大科研院所，利用沂蒙山区丰富优质的药材资源，寻求引进合作项目。最终经过校企双方科研合作，研发出了具有清热解毒功效的中药饮剂“银黄口服液”。药品投向市场以后，因疗效过硬得到了医患的好评，迅速在市场上站稳脚跟。不到 3 年时间，企业年产值就达 3000 万元，销售收入 1000 多万元。

1990 年，郯南制药厂正式更名为鲁南制药厂。在赵志全的带领下，药厂发展成为年产值 1700 多万元，利润 120 万元的制药企业。而刚刚从中药产品中尝到甜头的赵志全并未就此止步，为将企业做大做强，他及时升级投产西药。随着第一个西药产品“氯唑沙宗”投放市场，鲁南制药厂成为山东省第一家同时生产中药和西药的药品企业。

1994 年，赵志全将鲁南制药厂改组为山东鲁南制药股份有限公司，并扩建新厂，然而一场狂风骤雨不期而至。亚洲金融危机前夜，货币紧缩，国家已经不再发放贷款了，同时原来的贷款还要收回去，企业面临资金链断裂的困境，鲁南制药的发展再次陷入低谷，到 1995 年底的时候，就已经达到了濒临破产的境地。

紧急关头，赵志全在全体员工面前立下军令状，每月只领 200 元的生活费，大家同舟共济，背水一战，如果企业不能脱困，他就主动辞职。1996 年春节一过，他就率领厂里面的业务骨干，奔向全国市场。在最紧张的时候，9 天内跑遍东北 18 个城市，饿了，就吃自带的煎饼、咸菜，累了，就在车里眯一会儿。

经过对 100 多个大中城市调研，辗转全国考察项目，和专家医生交流，分析研判市场形势，最终一家科研单位的专利新药引起了他的注意。但对方开价高达 500 万元，赵志全咬了咬牙，力排众议，买下了专利新药“米力农”并迅速投产。那一年，在赵志全和全体员工的努力下，鲁南制药实现销售收入 1. 5 亿元，利税 5000 万元，打了一个漂亮的翻身仗。

进入 21 世纪，刚届不惑之年的赵志全已是满鬓灰白。10 年创业路，青丝变银发。而由他提出和倡导的鲁南精神，屡结硕果，引领公司创造了年利税过亿元的辉煌业绩。

2002 年 3 月 23 日，鲁南制药的子公司山东新时代药业，在临沂市费县选址建厂，这是继传统中药、西药研发生产之后，赵志全迈向生物制药领域的又一战略布局。

然而就在新项目上马急需资金的时候，赵志全却决定同时投资 1 个多亿，建设一处大型健身场所。赵志全说：“那么多大学生为了咱们企业的发展，背井离乡扎根在这个小县城，如果我们不给他们打造一个好的工作和生活环境，我心里就觉得亏欠他们。”

企业发展越来越好，赵志全始终不忘初心：要让所有职工过上好日子。27 年来，他把大部分利润用在了提高职工薪资待遇上。“依靠职工办企业，办好企业为职工。”他用实际行动兑现了自己的诺言。

正当赵志全满怀豪情地带领鲁南人快速发展企业时，他却迎来一个噩耗，2002 年这一年，赵志全被确诊为胸腺癌晚期。从那天起，为了将自己亲手打造的企业推向巅峰，他与病魔开始了争分夺秒的抗争。

在鲁南人心中，赵志全一直是一个像大山一样的存在，好像有他在，军心就能稳定。为了企业的稳定发展，赵志全对家人下了谁都不能说的死命令。为了保密，他坚持不住院治疗，很快，癌细胞开始扩散。他头发掉光了，就定制一个假发套，就连吃药也没被人发现过。甚至做了开胸手术还不到一个月，他不顾医生的劝阻坚持出院，强忍着病痛回到公司召开了业务大会，还要刻意地拼尽全力给员工留下康健的印象，没人发现一丝一毫的异样。

全身心投入工作的赵志全

2011 年，赵志全肺部癌细胞扩散，病情急转直下。上海的医疗专家针对他恶化的病情制定了三个月的化疗救治方案，可是赵志全觉得三个月太久，会耽误企业重大项目的进展，也会让大家产生怀疑。于是他选择了疗程很短，但是会对其肺部造成不可逆转伤害的质子治疗。做出这个选择，他已经决定要忍受病痛，为公司和员工保驾护航到最后一刻，用他最后的生命来书写对鲁南事业的深情。

2014 年 11 月 14 日深夜，坚强了一辈子的赵志全倒在了办公桌前，第二天早上，工作人员推门进去，愕然发现，赵志全已与世长辞。桌上，还放着刚签署的文件，一份提高职工待遇的计划书，一份企业人事任命书和一份科研项目审批书。在遗留下的由他签名的人事任命书中，赵志全为企业指定了继任接班人和新一届领导班子，里面没有出现他妻子、女儿的名字，生前他也没有向任何人透露半点消息。至此，人们终于理解了赵志全，他饱受病痛折磨的12年，恰恰是鲁南制药快速发展的12年，他用毕生心血创造了鲁南，现在又将它完整地交在鲁南人手中，完成继续前行的使命！

蒙山巍峨，沂河奔流。赵志全用自己的取舍与奉献写就了新一代企业家的时代精神。他用一生的艰苦与奋斗践行着伟大的沂蒙精神，并赋予其新的时代内涵。他的崇高精神和优秀品质，将永远闪耀在沂蒙大地上。

思考题

1. 赵志全用一生的拼搏书写了改革创新、服务社会的使命担当，请你结合实际谈谈大学生如何才能真正成为改革创新的生力军？

2. 赵志全的行为无不带有沂蒙精神的烙印，作为新时代青年，请你谈谈如何争做新时代沂蒙精神的践行者？

5

雪域门巴将军李素芝

扫码听故事

沂蒙人民在建设新中国的伟大历程中，仍以坚定的信念与博大的情怀弘扬和践行沂蒙精神。被誉为雪域门巴将军的李素芝，就是众多先进典型中的一位，他将青春融在天路的平仄里，化在雪山的起伏中，犹如夜空中一颗璀璨的星辰，彰显着时代的光芒。

李素芝，山东临沂人，1970 年 12 月入伍，1971 年 10 月入党，1976 年毕业于上海第二军医大学，2007 年被中央军委授予专业技术少将军衔。他扎根西藏，服务西藏军民，屡创高原医学奇迹。在藏语中，门巴是指医生，所以人们亲切地称他为“门巴”将军。2013 年 8 月 28 日，中央军委主席签署命令，授予李素芝“雪域高原好军医”荣誉称号。

李素芝

到祖国真正需要的地方去

李素芝大学毕业后，因成绩优秀留校从事医务工作，而他之所以选择进藏工作，源于他在上海长海医院工作时照顾一名西藏边防战士的经历。这位战士因腹部受伤被送到上海做手术，战士告诉他："由于西藏高寒缺氧等气候因素，人们很容易患上各种高原疾病，但因为地理位置相对偏远，且医疗技术力量和设备都相对落后，所以那里最缺的就是医生，战士和百姓最需要的也是医生。"听了这些话，再联想到战士紫红色的脸、凹陷的指甲和偏大的心脏等，李素芝夜不能寐，心情久久不能平静。半年后，李素芝递交了自愿进藏工作的申请，毅然来到了海拔4500米的西藏工作，成为一名边防军医。

李素芝说："我选择来到祖国最需要的地方，选择西藏这片我立志报效祖国的疆场，目的是实现我当一个好的医生，当一个让群众满意的医生的梦想。我来到这里，最重要的是切实为群众解决问题，我要为老百姓做实事，真心实意地守护西藏人民的健康。"他是这样说的，也是这样做的。李素芝带领医疗队翻山越岭，坚持为藏区群众送医送药、救死扶伤。医疗队的服务对象，大部分都在道路崎岖、需要长途跋涉的边远地区。他在随身携带的地图上密密麻麻地做了各种标注，记载着每个牧区去了几次、间隔多久，以便随诊和回访。

手术刀下的军民情

李素芝自入藏以来，主刀外科手术13000多例，被誉为"高原一把刀"。在年复一年的默默坚守中，李素芝说，党和人民群众的认可就是对他最大的鼓舞。在一次巡诊中，李素芝了解到瘫痪在床的孤寡老人达珍的情况，当时医疗队仔细为达珍老人做了检查，发现她得了类风湿病。此后，李素芝便经常去看望她，不仅看病送药，还帮忙做家务。经过悉心的照料与治疗，达珍老阿妈的腿恢复了健康，可以独立行走了。后来，达珍老阿妈听说李素芝要调动工作，就每天在门口等着为他送行。在风雪交加的日子里，达珍老人依然拿着哈达和一个已经蔫了的小苹果在家门口等待，这一幕深深地印在了李素芝的脑海中，这个苹果也是他最难忘的一个苹果。李素芝说："这个苹果就是我坚持带医疗队巡诊的动力，这是人民群众与党心连心的最好印证，只要西藏人民需要我，我就永远留在这里。"

2012年1月25日，李素芝和他带领的"流动医院"巡诊来到班戈县，排队的群众中有一位叫民宗，他说自己不看病，只是想看一眼李素芝。其实，民宗是李素芝在20年前巡诊时救助过的病人。民宗这次特意带上他7岁的女儿，用了3个多小时赶了100多公里的山路来看李素芝。为了表达自己的感谢之情，他为李素芝献上了哈达。在握手惜别的那一刻，民宗感受到李素芝的手被冻得冰凉。不善言辞的民宗逛了县城的三家商店，为李素芝精心挑选了一副最厚实的皮手套。但当他赶回巡诊地时，巡诊队伍已经离开，他便委托一名留下照顾病人的医生一定将手套转送给李素芝。他说："门巴将军治病救人的双手是不能冻着的。"从那以后，李素芝便一直珍藏着这副皮手套，西藏人民的朴实善良一直温暖着他，也激励着他不忘初心，继续前进。

宁负家人，不负西藏人民

1978年，李素芝调到西藏军区总医院工作，当时他主管的第一个病人因先天性心脏病医治无效而去世，这促使李素芝下决心攻克高原体外循环心内直视手术这一医学难题。他在6000多个日夜中的200多次实验中，不断摸索，潜心研究。2000年11月10日，历经2小时46分钟，世界首例海拔3700米以上"高原浅低温心脏不停跳心内直视手术"成功了！这是心脏病医疗技术研究上的一次重大突破。有了这项技术可以救治更多的患者，李素芝收到了很多贺电，但他却愧疚地说："我应该研发得更早一点，这项技术迟到了20年啊，20年能救多少人的命啊。"一心为患者着想的李素芝，一直坚守在问诊、科研实验的一线，真正诠释了何谓医者仁心、大爱无疆。

这台手术背后有一个鲜为人知的故事。研发这项技术时，尽管前期已经在动物身上做了无数次的实验，但首例手术能否成功，还是存在一定的风险。关于首例手术的患者人选，李素芝给家人做了很多的思想工作，最终说服了李素芝妻子姐姐6岁的孙女莹莹接受手术。李素芝说："如果手术失败，我宁负家人，也不负西藏人民！"这就是李素芝，一位宁愿亏欠家人也要护西藏人民周全的共产党员，他把个人的"小我"融入人民的"大我"之中，把"小家"融入西藏的"大家庭"之中！

培养一支带不走的医疗队

在巡诊的过程中，李素芝发现很多医疗器械成色较新，只是普遍存在维修困难的问题，因此他想到组建一支包括维修技术人员在内的医疗队。况且，送医送药只能解决群众一时的病痛疾苦，要想解决根本问题，切实为百姓谋福利，就必须培养一支带不走的医疗队。只有让基层的医疗队伍逐渐强大起来，老百姓才能得到更加方便、及时的救治。他开始着手安排为边防军医和乡镇的医疗技术人员进行培训和帮带的工作，“流动医院”医疗队也引进技术人员专门负责检修机器。

在中国共产党的领导下，在像李素芝一样的先进模范的默默奉献中，西藏的医疗卫生事业得到大力发展。西藏军区总医院成立以来，培养军地全科医生5000余人，他们像种子一样在基层生根发芽，像格桑花一样遍布雪域高原，成为一支下得去、留得住、带不走的医疗队。

李素芝巡诊途中

李素芝以自己的热血和汗水，温暖着辽阔的雪域高原。他把献身高原、服务西藏军民，作为自己矢志不渝的奋斗事业。他用忙碌的身影、坚定的步履，把无私奉献的大爱深深地留在西藏军民的心中。他用燃烧的青春播洒仁爱，用行动践行了青春年代的理想与抉择，将生命的价值镌刻在祖国的边疆。

思考题

1. 为什么说李素芝是新时期弘扬和践行沂蒙精神的先进模范？
2. 你还了解李素芝的其他先进事迹吗？请简要谈一谈。

6

革命老区崛起的新商城

扫码听故事

曾经的革命老区山东临沂，如今已连续7年上榜中国百强城市，居综合实力百强市第71位，真正成为全国革命老区跨越式发展的排头兵。从国家层面来说，临沂的跨越式发展是抓住了改革开放的发展机遇，做到了“穷则变，变则通”；从城市发展来说，临沂的完美蝶变，与临沂商城的发展息息相关，得益于以“市场为主体，物流、商贸为两翼”的发展思路。因此，了解临沂发展史一定要熟悉临沂商城的发展历程。

享有“中国物流之都”美誉的临沂商城历经40年沧桑巨变，从最初的小商贩摆地摊，发展成为占地31平方公里，拥有123处专业批发市场、23处物流园区，物流线路辐射全国的现代化商城。临沂商城的“蝶变”始于我国改革开放初期，是一个从无到有、从小到大、循序渐进的发展过程，历经了地摊式、大棚式、专业化、现代化、国际化五个发展阶段。

星火燎原式的“地摊农贸”

1978年，我国开始实行改革开放政策，改革的春风吹拂沂蒙大地，送来了难得的发展机遇，也唤醒了沂蒙人民勤劳致富的经商意识。一些外地商人和本地城郊农民抢抓机遇、敢为人先，陆续聚集在临沂西郊摆起小地摊，生意红火。这算是临沂商城的源头。1979 年，工商部门本着“支持生产、方便群众”的思想，统一规划集贸市场建设，点燃了临沂市场建设的星星之火。

连胜体育董事长宋连胜回忆起往事，历历在目，他和其他城郊农民一样，最初是冲着西郊汽车站人多，才在那儿摆摊卖货。政府为支持西郊群众，在此率先实现了集贸市场的开放，把五天一大集改为天天逢大集，大大激发了群众的经商热情。1981 年，当地工商部门正确领会上级关于“当前重点建设好城市农贸市场”的精神，投资建设了东方红集贸市场和新华路成衣市场，正式开启了临沂兴商建市的发展道路。从兴建的市场类型来看，临沂市场初期的发展主要在于开发农村市场，兴建农贸市场，激活城乡经济。

顺应民心的“西郊大棚”

1982 年，“上覆玻璃钢瓦大棚，下铺水泥地面”的西郊小百货市场成为第二代批发市场，在临沂商场发展史上具有划时代意义，它集中体现了临沂市政府坚持贯彻开放市场的政策。西郊小百货市场因其特殊的构造外形，被形象地称为“西郊大棚”，更凭借其商铺多、商品丰富多样、质优价廉，吸引来许多顾客，成为当地老百姓休闲购物的必去之地。

临沂“西郊大棚”

西郊小百货市场可以说是临沂商城的雏形，它的出现并非偶然。俗话说：“栽得梧桐树，引得凤凰来。”1982 年，工商部门顺应民心，抢抓机遇，筹集了 27 万元资金，规划用地 60 亩，来筑巢安商。“西郊大棚”落成后，来自江苏、浙江的布匹商人逐渐云集临沂，远在福建、广东的“淘金者”闻风而动。为了更好地激发市场活力，1984 年 10 月，临沂地区全面开放小商品价格，实行市场调节。随着基础设施、经营场所、流通渠道、服务管理不断规范，小百货市场逐渐繁荣壮大。

管放并举的“专业批发市场”

1986 年，根据“政府统一规划，多方筹集资金，工商集中管理，谁投资谁受益”的市场建设新思路，政府相关部门对批发市场的建设更加重视。10 月 26 日，临沂纺织品专业批发市场一期工程竣工开业，该市场汇集全国近千家工厂的纺织产品，成为全省第一家专业批发市场，这标志着临沂市场开始走上专业化发展之路。

首战告捷，为了推广临沂批发市场建设的成功经验，1987 年 1 月，山东省特地召开专业批发市场建设座谈会。在发展初期，为避免重复建设、同业竞争，工商部门提出“五先五后”原则，即“先成市后建场、先繁荣后规范、先综合后分离、先分散后集中、先简易后提高”。渐渐地，临沂批发市场迎来了发展的黄金时期，纺织品、服装鞋帽、灯具装饰、皮包文具等各类产品专业批发市场如雨后春笋般亮相登场，“一市一品、一场一业”的专业化批发市场初具规模，形成了具有临沂特色的经营模式。截至 20 世纪 90 年代末，有 16 处市场年成交额过亿元。

全面提升的“现代商贸物流城”

进入 21 世纪，随着临沂市场规模的不断扩大，临沂市政府认识到加强管理和引导的重要性，又面临如何补齐临沂商城缺少地方工业品作为支柱的短板问题，因此，市政府决定推进传统批发市场转型升级，并把“建设中国市场名城、打造中国商贸物流基地”作为临沂商城发展的新目标。

临沂市政府为实现“老树发新芽、新树长强枝”，一方面加大投资打造现代商贸核心区，另一方面积极改造传统老市场。随着现代物流、会展、电商等新业态的出现，商贸和物流相辅相成、互相成就的效果更加凸显。临沂市政府非常重视当地物流业的发展，经过不断努力，现已构建起临沂陆海空“三位一体”的物流体系，临沂成为江北最大的商流、物流、资金流、信息流中心。2002 年，临沂第一家现代物流园——天源货运市场正式挂牌，这标志着临沂开启了现代物流发展之路。临沂商城依托商贸优势和现代物流，发展进入快车道，一跃成为“中国市场名城”“中国物流之都”。

衢通四海的“国际化商贸物流城”

2010年9月，临沂举办了首届中国（临沂）市场贸易博览会，参展的804家企业来自23个国家和地区及全国28个省份，展示各类商品近20万种，展览成交额达47亿元。此时，临沂商城已经将目光瞄准海外市场，大力发展跨境贸易、会展经济和跨境电商业务，着力推进临沂商城内外贸融合发展和对外开放。2013年，中国（临沂）市场贸易博览会更名为中国（临沂）国际商贸物流博览会，临沂商城实现了由国内市场为主向全球商贸的转型。“国际化”成为临沂商城发展史上的另一个关键词。

2013年11月25日，习近平总书记视察临沂，在兰田金兰物流基地开展调研时指出，“临沂物流搞得很好，要继续努力，与时俱进，不断探索，多元发展，向现代物流迈进，你们的事业大有可为”。习近平总书记的讲话充分肯定了临沂商城取得的成果，极大地鼓舞了沂蒙人民的斗志，也为临沂商城明确了发展方向。2017年，在博鳌国际物流论坛上，临沂被授予“中国物流最具影响力城市”称号。随着电子商务的迅速发展，沂蒙人民与时俱进，主动打造线上线下相结合的经营模式。2019年，临沂商城建设电商园区，搭建电商平台，95%以上的商户开展电子商务，年度网络零售额高达211亿元，成为名副其实的“网上商城”。

临沂商城历经40年的风雨激荡、五代市场变迁发展，托起了一座现代化的新城，使临沂成为全国最大的市场集群和全国第二大商品集散地，与浙江义乌齐名。这是沂蒙人民坚持党的领导，坚持弘扬沂蒙精神，把握改革开放历史机遇，凝聚人民群众汗水与智慧的结晶。

思考题

1. 临沂商城经历了五代市场变迁，在发展过程中抓住了哪些机遇？
2. 临沂商城能够在远离沿海、地处山区的临沂崛起有哪些重要原因？

7

勇立潮头谋发展的王士岭

扫码听故事

30 多年来，王士岭和兰田一班人，准确认识商品批发市场发展规律，紧盯物流行业发展方向，将兰田集团一步步发展成为涉及置业、市场批发、物流等产业的大型企业集团，共有近 20 处专业批发市场，拥有总资产 10 多亿元，年创造利税 9000 多万元。王士岭本人曾获得“中国市场领军人物”“创业功臣”等荣誉称号，是第十三届全国人大代表。

没有官架子，事必躬亲，一诺千金，勇于担当，这就是山东兰田集团公司董事长王士岭。

1989 年，30 多岁的王士岭到兰田集团工作。“不安分”的王士岭不愿因循守旧、按部就班，他认为兰田不应该拘泥于“小打小闹”的纺织品市场定位，而应该在更大的市场勇于开拓。王士岭凭借出众的魄力和敢为人先的担当意识，决定大胆探索，将企业做大做强，建设一流的现代企业。

王士岭

王士岭带领他的团队深入调查研究，大胆探索尝试，逐步找到了符合本地实际发展条件的现代化市场管理新模式，即以商贸物流为主导，积极发展多元产业。在他的带领下，兰田先后开发培植了10多处商品市场，先后兴建了家电、厨具、劳保、化妆品、通信城、汽配、农资、摩配、五金等专业市场，这些市场的开发都非常成功，兰田批发市场成为临沂乃至中国北方批发市场的典范。与此同时，兰田集团形成了多行并进、产业联动、共同发展的科学格局，开始步入高速发展阶段。目前兰田集团已拥有家电厨卫、新能源、小商品等专业批发市场近20处。2013年11月25日，习近平总书记到临沂视察，专门来到兰田集团，称赞兰田集团“事业大有可为”。

可以说，从面临数亿元资金流失的危机到临沂商城的领头企业，兰田集团的变化不仅是外在形象上，关键是质的升华，是王士岭续写新篇的精彩一笔。

在布满暗礁险滩的商海中，王士岭和他的团队能稳立潮头、勇往直前，靠的是什么？他没有三头六臂又不会点金术，他靠的是纯厚、朴实，靠的是“党性”“诚信”“良心”。

肩负着党委、政府和人民群众的信任和期待，王士岭不敢有丝毫懈怠，他始终牢记一条信念：人而无信不知其可也。一个企业要想长足发展，不仅靠创新，更离不开诚信，诚信是企业立足之本，是最宝贵的无形资产，在市场经济大潮中讲诚信尤其重要，讲诚信的企业社会信誉度就高，就会赢得更多发展的机遇，获得更多客户的信赖。

兰田集团先后被授予全国先进基层党组织、全国及省市诚信市场、全国公平交易（诚信）企业100强、全国诚信兴商双优示范单位、全国模范职工之家、中国最具发展潜力市场、中国优秀品牌市场、齐鲁先锋基层党组织、山东省名牌等荣誉称号。

面对成绩，王士岭没有故步自封，他说：“企业的发展关键靠干部，企业的竞争也是人才的竞争，企业干部素质决定了企业的命运。孟子讲，生于忧患死于安乐，我们应该加强对干部的忧患意识教育，让每一位干部都认识到，不发展就是退步，不要有小富即安的思想，包括我在内，一定要保持这种清醒的头脑。”王士岭语言虽然朴实，但其中包含了很多深刻的思想。

不忘初心，牢记使命。王士岭曾说：“我是一名有着多年党龄的党员，对党有着深厚的感情，我永远都忘不了在党旗下宣誓的那一刻，我们都应当不忘初心，牢记使命，心里始终装着老百姓，始终维护党中央权威，和党中央保持一致。”

在王士岭的带领下，兰田集团新一届党委围绕提升“党旗红、市场旺”党建品牌，团结带领全体党员不忘初心、以学促干，建设发展了中国北方现代市场物流集群。

改善民生是一种发展智慧。在建设小康社会的伟大实践中，兰田集团共拿出6000多万元资金改善市场及周边环境，极大地提升了市场形象和居民商户居住从业环境；向下岗职工、残疾人等弱势群体发放补贴累计8000余万元；积极参与脱贫攻坚和选派第一书记帮扶活动，通过向山区定点扶贫、慈善捐助等活动，兰田集团先后捐款捐物价值共计5000多万元。2016年7月，中共中央授予兰田集团党委“全国先进基层党组织”荣誉称号。

王士岭说：“有工作干，心里很踏实，闲着一天都难受。人的一生很短暂，实实在在干点工作，才是正事。”我们相信，兰田集团这颗明星，在创新发展的征程上，在以王士岭为代表的集团党委一班人的领导下，一定会熠熠生辉，愈发明亮！

思考题

1. 在沂蒙革命老区，兰田集团为何能不断取得佳绩？
2. 兰田集团的发展和沂蒙精神有怎样的关系？

8

乡村振兴“领头雁”王传喜

扫码听故事

从寂寂无闻到声名鹊起，从支离破碎到焕发生机，代村用了20多年的时间完成了华丽转身，实现了经济与文化的全面发展，这一切都离不开王传喜的努力与付出。如今的代村，已成为中国美丽乡村、全国农业旅游示范点、山东省文明村镇，成为中国乡村摆脱贫困走向富裕的典范。

王传喜

王传喜，1968年9月出生，1997年3月加入中国共产党，现任山东省兰陵县卞庄街道代村社区党委书记、村委会主任，党的十九大代表。2018年6月29日，中共中央宣传部授予王传喜“时代楷模”称号。

1999年3月，经过民主推选和组织考察，31岁的王传喜成为代村的党支部书记。当选书记后，他接手的是这样一个“烂摊子”：村集体负债380多万元，法院传票126件，村内环境脏、民风乱、治安差。他不怕困难，团结带领村“两委”班子，广泛听取党员群众意见，从治乱入手，抓治安、清拖欠，解决历史遗留问题，凭一股子“傻劲”治好了代村的“老大难”。通过一年多的努力，各项工作逐渐步入正轨，取得了党员群众的广泛认可。

“村子富不富，关键看支书。”代村党支部书记王传喜虽然文化程度不高，却能快速接受新事物、抓住机遇，做到与时俱进。他带领村民建成了临沂市目前最大的生态农业旅游公园——兰陵国家农业公园，现已发展为全国休闲农业与乡村旅游五星级园区。

现如今，代村已经成为远近闻名的美丽乡村，前来参观学习的人络绎不绝。来到代村，人们不禁会问：一个欠债380余万元的穷村、乱村，为什么能崛起为产业总值超20亿元、村集体收入1.1亿元的先进村？答案很简单，就是代村有个好书记王传喜。

代村乱象：欠巨额外债，还要分家和单干

现在的代村，已成为兰陵县卞庄街道代村社区，其管辖面积约3.6平方公里，村民1200多户3600多人，社区居住人口超过1.1万人，人口众多，经济发达。走进村里，楼房林立，清一色的水泥路一直铺到楼前。晚上，街灯亮起，一派宁静祥和的景象。可是时光回到20年前，代村却一片混乱，发展举步维艰。

20世纪90年代初，代村人心不齐，环境很脏，治安很乱，土地乱圈乱占、违建之风盛行。当时的村委会威信不高，村民更是分成几个“帮派”，彼此争斗不休，更有甚者，河西、前圩子、后圩子三个自然村闹着分家，大家都想多分集体财产，而对村子里的集体债务却视而不见。

1999年，在村党支部换届选举中，代村的全体党员一致推选30岁出头的王传喜担任村党支部书记。那时的王传喜已事业有成，担任一家建筑企业的项目经理，但是大家依然推举他，觉得他经过商，见多识广，敢闯敢干，脑子灵活，年轻有为，代村由他带领，一定能走出困境，走向新生。

新官上任三把火。王传喜刚上任，就清点了村里的账目，结果发现村里的外债高达386万元，仅两天之后王传喜就接到了法院的传票，此后的一两年里王传喜作为被告出庭达100多次。

代村治理：调整耕地，聚民心

代村名字背后有很多传奇。鲁南战役时，代村就是临时指挥部。20 世纪七八十年代，代村还曾当过红旗村。进入 90 年代，虽然面对的困难大，但只要找对了路，也能出成绩。1999 年王传喜上任后，他身先士卒，带领一群想干事儿的村民，扎根农村，一步一个脚印推动代村走上发展的快车道。

面对困境，王传喜总能用自己的耐心和智慧为代村谋求发展之路。面对村里的债务问题，他主动找债主沟通，做好债主工作，欠款可以分多次还清，东挪西凑分期还。王传喜还立下规矩，任何人不能侵吞、抢占、拖欠村里的钱财。这个规定给代村开启了一个良好的开端。实行这个决策之初，王传喜首先从和自己关系好的人开始，催着他们还款。有人戏称，“还没有跟书记沾到便宜，就先被开了一刀”。为了还清村里的债务，王传喜竟以个人名义向当地信用社贷款几十万元，而这一年的利息就有好几万元。王传喜的这些做法表现了他力图改变代村落后面貌的决心。

比债务更让代村村民堵心的是耕地分配不均的问题。由于历史原因，地多人少与人多地少这两个问题在代村同时存在。在村里，有的人分的土地多，有的人分的土地少，差别很大。由于人们非常看重土地，甚至把它看成自己的命根子。所以，如果将土地重新分配，必然触动许多人的利益。但王传喜却敢为人先，他带领村干部在田里打下界桩，但没过几天就被人拔掉，只得再打一次。有的界桩打了三次都不翼而飞，村干部就在地里搭建窝棚整天守着，这才将界桩保留下来。当调地方案公布时，不仅没有人敢执行，还有人极力阻挠，满腹牢骚，甚至一些极端的村民还威胁王传喜的家人，借此来表达他们心中的不满。但最终王传喜还是顶住了压力，以坚毅的决心完成了耕地分配的任务，也让村民们看到了新书记的气魄与担当。

20 多年来，王传喜把改革创新的经历都写在日记上，记录了近两百本。1999 年他上任不久，就和“两委”班子一起，带着煎饼咸菜开车到江苏华西村等地取经，坚定了走集体道路的决心。他挨家挨户做思想工作，顺利完成了土地流转，并瞅准了现代农业的市场，用两年时间建设起一座国家级农业公园。

代村的繁荣：满怀希望，期待未来

盛夏夜里的代村，风景如画，灯光如昼。在沂蒙老街的街头，人头攒动，天南地北的小吃美食齐聚于此，吸引着四面八方的人们来此品尝，代村如今已成为一个鲜活的文化符号，一幅美丽的田园风景画，在传统与现代文化之间扮演着重要的角色。

王传喜上任之初，一手解近忧，一手绘蓝图，为代村未来的发展点亮了方向。面对周围村庄出让土地换取利润的现状，面对众多工业项目的诱惑，王传喜选择了拒绝，他知道出卖土地只能带来一时的利益，却不能让村民真正富裕起来。让工业企业进驻村里，固然会带来一定的经济收入，但终究会给村里留下无可弥补的疮疤，以牺牲环境获取经济效益，终究会把自己埋葬。王传喜当初在墙上悬挂的代村发展规划图在时光的见证下坚持了13年之久，令无数人敬佩，而如今代村的土地一分没少，村民的收入却越来越高，生活越来越好。

2005年，王传喜敏锐地把握住了时机，将全村2600多亩土地流转给村集体经营，紧接着又联合周围村落的7000多亩土地，共同建造了现代农村示范园，发展生态农业。2010年，王传喜又提出了新的规划思路，带领村里投资建设代村商城。凭借现代农业和乡村旅游的标签，代村实现了经济的又一次发展，实现了人员的又一次就业。

村民的心稳住了，日子也过得越来越好。在国家乡村振兴战略的大背景下，王传喜开始谋划如何提高村民生活质量，为村民统一盖楼房。想住楼的，村里供应暖气、煤气等；愿意住老房子的，村里则进行集中规划和修缮，并启动了代村的乡村记忆工程。如今，代村有代村报、村史馆、博物馆，还培养了村民导游。代村越来越美，来这里观光的游客也越来越多。

历经10年之久，王传喜完成了代村的旧村改造工程，社区医院、学校、幼儿园、老年公寓等一批批惠民建筑拔地而起，村民人均年收入6.5万元，而全村有劳动能力的村民实现了人人有工资收入、家家每年都有村集体分红。

在王传喜的带领下，全村人走上了“离土不离乡、就地城镇化”的道路。看着村民们过上了幸福日子，王传喜特别欣慰。如今的代村人满怀信心、干劲十足，他们期待在乡村振兴的大背景下，能够继续在王传喜的带领下艰苦奋斗，锐意创新，用自己的双手与智慧再创辉煌。

思考题

1. 谈谈代村为什么能够从贫困走向富裕？
2. 作为新时代的大学生，我们应从王传喜身上学习哪些优秀品质？

9

“沂蒙新红嫂”戚洪桂

扫码听故事

沂蒙红嫂精神作为沂蒙精神的重要组成部分，深刻诠释了战争年代沂蒙儿女不怕牺牲、爱党拥军的民族品质，深刻阐释了沂蒙人民吃苦耐劳、勇往直前的精神气质。新时期，沂蒙儿女继续书写着沂蒙精神的新篇章，涌现出一大批具有沂蒙精神特质的代表人物，戚洪桂同志就是其中的一位。戚洪桂身上所体现的爱党拥军、无私奉献、自强不息、不怕吃苦的沂蒙精神在当代社会主义建设时期具有重要的引领作用，是我们团结一致、不断向前的精神动力。

她是一位普普通通的农村妇女，是一位普普通通的母亲，她的名字叫戚洪桂。从小生长在农村的她接受了党的教育，形成了积极乐观、甘于奉献的精神品质，农村质朴的民风也让她变得更加坚强，更加善良，更加勤劳。她曾担任过村团支部书记、妇代会主任，连续五届被选举为乡人大代表，1995 年、1999 年连续两次当选市人大代表，被授予

正在缝制鞋垫的戚洪桂

“沂蒙新红嫂”荣誉称号。

戚洪桂深受无私奉献、自强不息的沂蒙精神的影响。1991 年，她力排众议，毅然决然地把自己刚满 18 岁的儿子送去遥远的西藏边防部队服役。而就在儿子服役的第二年，丈夫不幸患上了出血热，病危之际，丈夫最思念的就是远方的儿子，但为了能让儿子安心站岗保家卫国、守护家园，戚洪桂忍着悲痛，独自承担下了一切，他安慰丈夫并拿出儿子的照片递到他手中，丈夫左看右看，最终带着不能见儿子最后一面的遗憾离开了人世。在丈夫走后的两年多时间里，她给儿子写的信从来都是只报喜不报忧，但每每看到儿子的回信，看着字里行间儿子对家人的牵挂，她常常以泪洗面，每次都会把儿子写的信带到坟前念给丈夫听。几年里，无论是繁重的家务、地里的农活、养家的重任都压在了身心疲惫的戚洪桂身上，最终戚洪桂积劳成疾，病重入院。当地政府看到戚洪桂如此困难，便向西藏边防部队反映了情况。在得知事情隐瞒不过去时，戚洪桂担心儿子受不了，她忍受着病痛的折磨连夜写了一封给部队的信，在她看来，儿子的痛苦远胜于她现在的痛苦。她在信中恳求部队尽量不要让儿子知道，万不得已时再选个合适的时机告诉他，并嘱咐一定要替她这个当母亲的做好儿子的思想教育工作。

3 年后，当儿子得知父亲早已离世的消息时，悲痛万分的他在千里之外的青藏高原上朝沂蒙山的方向长跪不起，失声痛哭起来，又写信问母亲当时为什么不告诉他。戚洪桂眼含热泪给儿子回信道：“儿子，人死不能复生，你就不要回来探亲了。家中再大的困难我一人承担，你一定要安心服役，干出成绩报效祖国，为家乡父老争光，为沂蒙人争光！”戚洪桂坚信艰苦的条件更能使一个人得到锻炼，更能使人成长。当儿子拿到信，看到浸着泪水的信纸时，他从心底喊出：“妈妈，你是世界上最伟大的母亲！”戚洪桂这一平凡而伟大的举动在部队迅速传开，儿子的战友和其他部队的战士们纷纷以“您的儿子”的身份写信给她，这让她感动不已。为使战士在穿胶鞋训练时不容易生脚病，也为感谢人民子弟兵对她的关心和帮助，在经过长达两个多月的日夜辛劳后，戚洪桂缝制了 150 多双鞋垫，并亲手将这份礼物送给她日夜牵挂的边防战士。到部队期间，她把每一个战士当作自己的孩子，为战士们洗衣做饭、缝制衣服，给他们讲述沂蒙老区战斗英雄为国无私奉献的革命精神，并用自己的实际行动教育战士要热爱军队、热爱边疆、苦练本领、保家卫国。

戚洪桂不仅是战士的好妈妈，还是家里的顶梁柱、大家的贴心人。戚洪桂的婆娘舅是一个五保老人，本可以在政府政策的帮扶下住进敬老院，这也减轻了家里的负担，但戚洪桂想到的不是照顾带来的辛苦，而是如何不给国家添麻烦，如何为集体分忧解难，为此，她毅然决然地担负起照顾老人的责任。丈夫去世后，公公重病卧床，婆婆又患肝炎，这让原本就艰苦的生活变得更加困难，也让戚洪桂肩上的担子越来越重。白天，除了必要的农活和家务之外，她还要用独轮胶车推着婆婆到 8 里外的上冶医院治疗，晚上再赶回家为公公熬药，照顾安排好婆娘舅的生活起居。繁重的劳作，超负荷的操劳，丝毫没有削减她的孝心。在她的细心呵护下，两位老人的病情逐渐好转，公婆感激地逢人就说："俺两口子如今还能活在世上，多亏有个好儿媳。"不仅如此，戚洪桂在照顾家人的同时，还不忘关爱帮助其他村民，给他们送去亲人般的温暖。这一桩桩一件件感人至深的事迹只不过是戚洪桂人生的一段缩影，是她拥军爱民、无私奉献精神的体现。

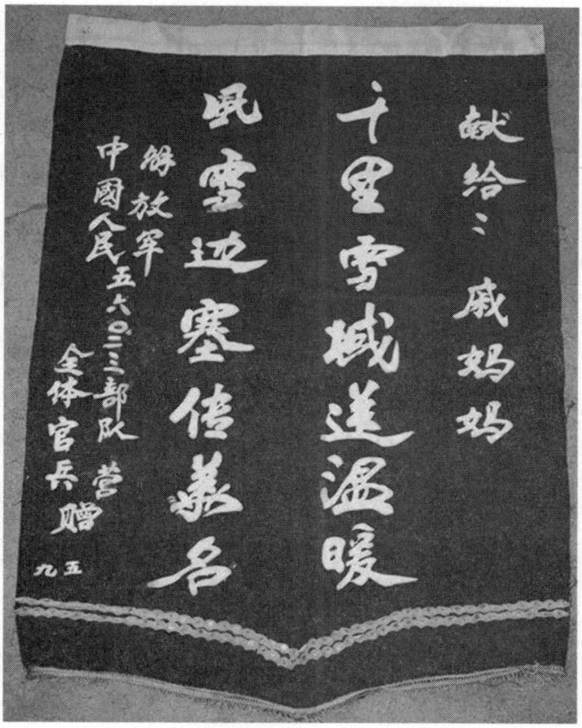

戚洪桂获赠的锦旗

戚洪桂身上的新沂蒙精神不仅体现在她对家人的关心爱护上，更多地体现在她为集体、为整个乡村建设的贡献上。戚洪桂所在村因受到水、电供应不足和路况条件差的制约，经济生活水平较低。为此，她一边忍受着身体的病痛，一边尝试为集体解决资金问题。终于在 1998 年，在政府的帮助扶持下，戚洪桂拿到了一份沉甸甸的资金。知道资金来之不易，她与工人同吃住，积极参与到乡村建设中，亲自选购建设材料，努力做到不浪费一分钱。在戚洪桂和众人的共同努力下，一套完整的包括深水井、水站机房和水塔在内的灌溉设施建成并投入使用，村里生产用水问题得到彻底解决。紧接着，在她和村集体的带领下，大家克服复杂的地形、地质难题，仅用一个半月的时间，就完成了自来水管线的铺设，解决了人民群众的吃水问题。

戚洪桂同志的先进事迹被各大媒体争相报道，在社会各界引起强烈反响。她先后被授予“沂蒙新红嫂”“义务兵的好母亲”“沂蒙十佳新红嫂”“模范军属”和山东省“十佳兵妈妈”荣誉称号。1995 年，迟浩田上将在了解她的事迹后欣然题词：“沂蒙红嫂情谊长，洪桂同志是榜样。”为回报党和人民的亲切关怀，重阳节，她会为老人送温暖；春节，她会给老人们送衣帽；教师节，她就向老师们献上笔和墨；八一建军节，她更忘不了给远在西藏的边防战士们寄鞋垫。人民解放军建军 80 周年之际，花甲之年的戚洪桂用了 10 个月的时间将 800 多双绣有“军民一家”等字样的鞋垫赶制完成，并亲手交到首都国旗班战士手中。

爱国拥军至深情，教儿成边报国志，魂牵百姓关怀情，这一枝一叶无不体现了戚洪桂的精神品质。蒙山般的坚强意志，沂河水般的深切情怀，爱党拥军的沂蒙红嫂精神，必将进一步发扬光大，不断鼓舞着新时代社会主义建设者向着更加美好的明天继续前进。

思考题

1. 结合当前实际，请谈谈新时期我们应如何弘扬沂蒙红嫂精神?

2. 关于新时期沂蒙红嫂的故事，你还知道哪些？请把它们分享给你的家人、老师和同学。

主要参考书目

[1] 费聿辉,徐东升. 沂蒙精神[M]. 北京:中央党史出版社,2018.

[2] 杨文学. 沂蒙长风[M]. 济南:山东文艺出版社,2012.

[3] 徐东升,汲广运. 沂蒙精神研究[M]. 济南:山东人民出版社,2017.

[4] 任仲文. 红色基因代代传[M]. 北京:人民日报出版社,2018.

[5] 沂蒙精神学习读本编写组. 沂蒙精神学习读本[M]. 北京:中央党校出版社,2014.

[6] 本书编写组编. 忆沂蒙[M]. 济南:山东人民出版社,2014.

[7] 中共临沂市委编. 沂蒙红嫂颂[M]. 北京:中央文献出版社,2002.

[8] 魏本权,汲广运. 沂蒙红色文化资源研究[M]. 济南:山东人民出版社,2014.

[9] 赵远智. 沂蒙精神 · 中国梦[M]. 济南:山东人民出版社,2018.11.

[10] 王春梅,方艳. 沂蒙红嫂故事选[M]. 济南:济南出版社,2019.

[11] 孙海英,徐东升. 沂蒙精神故事选[M]. 济南:济南出版社,2018.

[12] 唐士文. 沂蒙红嫂颂[M]. 北京:中央文献出版社,2002.

[13] 黄忠,韩忠勤. 沂蒙大观[M]. 济南:山东大学出版社,2007.

[14] 徐东升. 沂蒙精神大学生读本[M]. 济南:山东人民出版社,2016.

[15] 中共临沂市委宣传部编著. 光耀沂蒙——社会主义核心价值观践行在临沂[M]. 济南:济南出版社,2017.

[16] 中共临沂市委党史研究室. 中共临沂地方史第一、二卷[M]. 北京:中共党史出版社,2009.

[17] 临沂地方史志办公室编. 沂蒙革命根据地志(上、下)[M]. 北京:中华书局,2014.